発達障害を考える✿心をつなぐ

JN083607

付

特別支援教育をサポートする 算数につまずく子への支援事例&教材集

東京学芸大学 名誉教授
学校法人旭出学園 理事長
上野一彦 監修

港区立南山小学校特別支援教室
巡回指導教員 主任教諭
上野眞理子 著

ナツメ社

はじめに

算数につまずく子どもたちへの支援のポイント

どこの学校にも、学校の大切な柱というか、「あの先生がいないと授業が成り立ちにくい」と周りから頼りにされがちな先生がいます。そうした先生は、学級集団での授業が巧みなだけでなく、つまずいている子どもへの指導が上手で、そのような子どもに、より情熱を傾ける共通点があるようです。

本書の著者も、まさにそうした先生の一人であると思います。長く中学校に籍を置き、小学校で学び損なってきた子どもたちを多く指導してきました。同時に、早くから特別支援教育士の資格を取得し、発達障害のある子どもたちへの専門的な対応についても関心をもって接してきました。

ここで取り上げた教科は「算数・数学」です。この教科は、子どもたちが身につけていくことの順序性が比較的はっきりしていて、何ができないのか、どこまではできているのかがわかりやすいといえます。

子どもたちへの指導のうえで、大切な視点が３つあります。

①何ができて、何ができないのか。何ができかかっていて、どこでつまずきやすいのかをしっかりと把握すること
②その子どもの能力のレベルや認知能力（学び方）の特徴について把握すること
③教える内容がその子どもにとって順序良く構造化されていること

著者は現在、小学校の「通級による指導」教室で専門的な教師を務めています。そうした場を利用する子どもたちは、学び損なってきた経験から、学習に対する意欲さえ低下していることがあります。積み上げ教科である算数を苦手とする子どもは多く、計算だけは得意で、算数はできると勘違いしてしまっている子どももたまにいます。実にさまざまなタイプの子どもたちが教室を利用しているのです。

究極の目標は、その子どもの「学びの多様性（learning diversity）」をしっかり理解して教えることではないでしょうか。

「先生！　わかった！」このことばを、子どもからの贈り物として支援にチャレンジすることは、先生だけが受け取ることのできる醍醐味であると思います。

上野　一彦

もくじ

《解説》 算数につまずく子どもたち

《教材》 支援事例 & 実践教材

staff

●イラスト　こしたかのりこ
　　　　　　さくま育
●校正　株式会社鷗来堂
●編集協力　本庄奈美
●編集担当　遠藤やよい(ナツメ出版企画株式会社)

本書の使い方

ページの見方

本書では、「算数」の初歩的な考え方につまずく子どもたちに、教室ですぐに使える教材と、その教材を使った支援アイデアを紹介しています。

つまずき
つまずきのようすや、よくみられる場面が書かれています。

支援の方法
支援の目的やねらいが書かれています。

教材
支援教材の一例です。本書に掲載されていない教材も、付属のCD-ROMに収録されています。

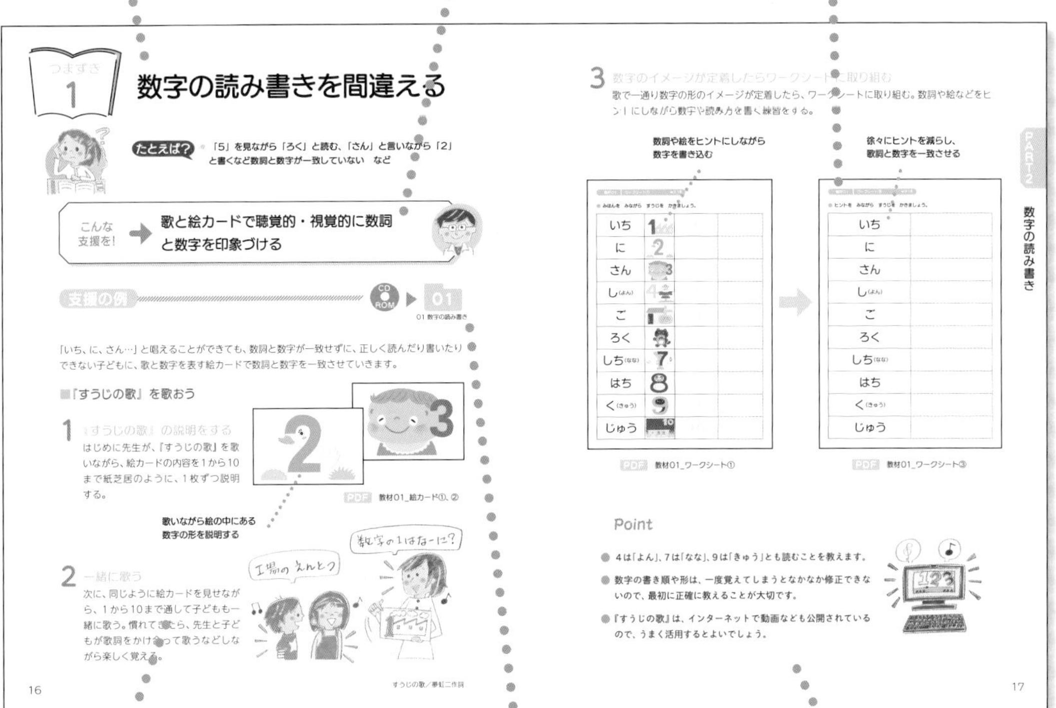

使い方
教材の使い方と支援のアイデアを解説しています。

教材フォルダ
ページの教材が、付属CD-ROMの、どのフォルダに収録されているかを示しています。

Point・留意点・ステップアップ
支援を進めるうえでの留意点やポイント、学習の発展方法を紹介しています。

教材の内容

子どものつまずきに応じた教材を、34項目に分けて収録しています。教材は、本のページをそのまま拡大・縮小してコピーしたり、CD-ROMから必要なファイル（A4サイズで収録されています）を選んで印刷したりして、何度でも活用できます。

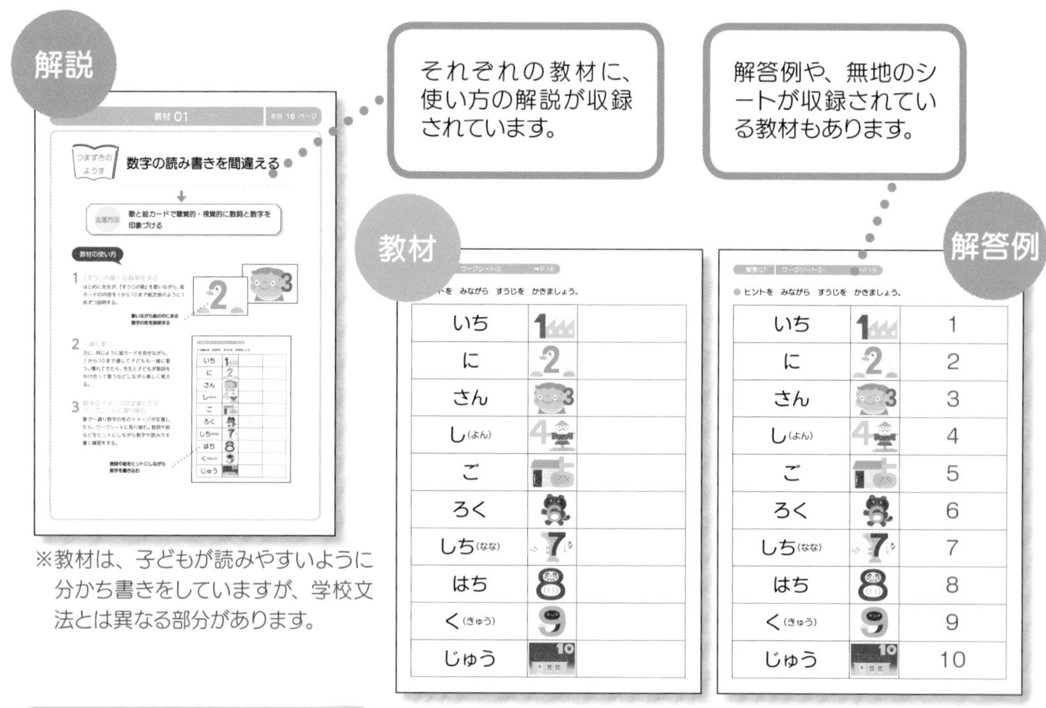

※教材は、子どもが読みやすいように分かち書きをしていますが、学校文法とは異なる部分があります。

CD-ROMの構成

付属のCD-ROMには、220枚の教材と106枚の解答例、34枚の教材解説が、PDF形式で収録されています。

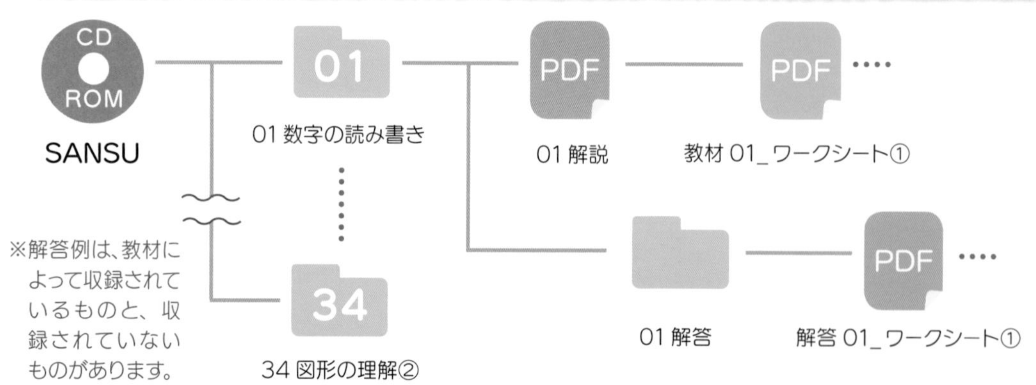

※解答例は、教材によって収録されているものと、収録されていないものがあります。

子どものつまずき別に、34の教材フォルダが収録されています。

※データの並びは、ご使用の環境によって異なる場合があります。

- 01 数字の読み書き
- 02 数を順番に唱える
- 03 数字の意味理解①
- 04 数字の意味理解②
- 05 数字と数量の理解
- 06 位取りの意味理解
- 07 5から9までの合成・分解①
- 08 5から9までの合成・分解②
- 09 10の合成・分解
- 10 たし算の場面理解
- 11 ひき算の場面理解
- 12 たし算・ひき算の定着
- 13 どこから数えて何番目
- 14 くり上がりのあるたし算
- 15 くり下がりのあるひき算 _ 減加法①
- 16 くり下がりのあるひき算 _ 減加法②
- 17 くり下がりのあるひき算 _ 減減法①
- 18 くり下がりのあるひき算 _ 減減法②
- 19 くり上がりのあるたし算の筆算
- 20 くり下がりのあるひき算の筆算
- 21 かけ算の意味理解
- 22 九九①
- 23 九九②
- 24 かけ算の筆算
- 25 わり算の意味理解
- 26 わり算の筆算①
- 27 わり算の筆算②
- 28 数直線
- 29 分数の意味理解
- 30 単位 _ 重さ
- 31 単位 _ かさ
- 32 単位 _ 長さ
- 33 図形の理解①
- 34 図形の理解②

ご使用上の注意　※付属のCD－ROMをご使用の前に、必ずお読みください。

- ファイルをご覧いただくには、アドビシステムズ社のAdobe ReaderまたはAdobe Acrobatが必要です。お持ちでない方は、アドビシステムズ社の公式ウェブサイトより、Adobe Readerをダウンロードしてください（無償）。
- 収録されているデータは、ご購入された個人または法人が、印刷して授業などで自由にお使いいただけます。ただし、営利目的での使用はできません。
- 収録されているデータそのものを無断で複製、頒布（インターネット等を通した提供を含む）、販売、貸与することはできません。
- 収録されているデータの著作権は、すべてナツメ社および著作権者に帰属します。

CD-ROM収録教材＆解答一覧

＊「解答ファイル名」の欄が ▬ のものは、解答例の収録されていない教材です。　＊「ページ」は、本書で教材の解説が掲載されているページです。

フォルダ名	解説ファイル名	教材ファイル名	解答ファイル名	ページ
01 数字の読み書き	01 解説	教材 01_ 絵カード①～⑤／教材 01_ ワークシート①～④	解答 01_ ワークシート①～④	16
02 数を順番に唱える	02 解説	教材 02_ 数字カード①②／教材 02_100 マスシート／教材 02_50 マスシート／ 教材 02_ ワークシート①～④	解答 02_ ワークシート①～④	24
03 数字の意味理解①	03 解説	教材 03_ 絵カード／教材 03_ ワークシート①～⑥		30
04 数字の意味理解②	04 解説	教材 04_ 絵カード①～④		36
05 数字と数量の理解	05 解説	教材 05_ ドットカード①②／教材 05_ 数字カード		42
06 位取りの意味理解	06 解説	教材 06_ お金カード／教材 06_ ワークシート①～⑥		46
07 5から9までの合成・分解①	07 解説	教材 07_ ワークシート①～⑮	解答 07_ ワークシート①～⑮	52
08 5から9までの合成・分解②	08 解説	教材 08_ ワークシート①～⑦		58
09 10の合成・分解	09 解説	教材 09_ ワークシート1①～④／教材 09_ ワークシート2①～④	解答 09_ ワークシート1①～④／ 解答 09_ ワークシート2①～④	62
10 たし算の場面理解	10 解説	教材 10_ ワークシート①～③／教材 10_ たし算のキーワード	解答 10_ ワークシート①～③	68
11 ひき算の場面理解	11 解説	教材 11_ ワークシート①～③／教材 11_ ひき算のキーワード	解答 11_ ワークシート①～③	74
12 たし算・ひき算の定着	12 解説	教材 12_ たし算カード／教材 12_ ひき算カード		80
13 どこから数えて何番目	13 解説	教材 13_ ワークシート①～⑧	解答 13_ ワークシート①～④	88
14 くり上がりのあるたし算	14 解説	教材 14_ ワークシート①～⑥	解答 14_ ワークシート①～⑥	94
15 くり下がりのあるひき算 _ 減加法①	15 解説	教材 15_ ワークシート①～⑦	解答 15_ ワークシート①～⑦	100
16 くり下がりのあるひき算 _ 減加法②	16 解説	教材 16_ ワークシート①～⑦	解答 16_ ワークシート①～⑥	106
17 くり下がりのあるひき算 _ 減減法①	17 解説	教材 17_ 計算シート／教材 17_ ワークシート①～③	解答 17_ ワークシート①～③	112
18 くり下がりのあるひき算 _ 減減法②	18 解説	教材 18_ ワークシート①～⑦	解答 18_ ワークシート①～⑥	118
19 くり上がりのあるたし算の筆算	19 解説	教材 19_ ワークシート①～⑥	解答 19_ ワークシート①②④⑤	124
20 くり下がりのあるひき算の筆算	20 解説	教材 20_ ワークシート1①～④／教材 20_ ワークシート2①～③	解答 20_ ワークシート1①～③／ 解答 20_ ワークシート2①②	130
21 かけ算の意味理解	21 解説	教材 21_ ワークシート1①～③／教材 21_ ワークシート2①②		136
22 九九①	22 解説	教材 22_ 九九表①～⑤／教材 22_ 九九カード①～⑤		142
23 九九②	23 解説	教材 23_ 数字ボックス _ 数字カード／教材 23_ 計算シート／教材 23_ こたえ表①②／ 教材 23_ 九九ビンゴシート／教材 23_ 九九ぬりえ①～③	解答 23_ 九九ぬりえ①～③	148
24 かけ算の筆算	24 解説	教材 24_ ワークシート1／教材 24_ ワークシート2①～④	解答 24_ ワークシート 2②～④	156
25 わり算の意味理解	25 解説	教材 25_ 絵カード／教材 25_ ワークシート①～④		160
26 わり算の筆算①	26 解説	教材 26_ ワークシート①②		166
27 わり算の筆算②	27 解説	教材 27_ ワークシート①～③／教材 27_ わり算の筆算のルール	解答 27_ ワークシート②③	170
28 数直線	28 解説	教材 28_ ワークシート①～⑩	解答 28_ ワークシート①～⑩	174
29 分数の意味理解	29 解説	教材 29_ 数字カード _ 等分カード／教材 29_ ワークシート1／ 教材 29_ ワークシート2①～⑤／教材 29_ ワークシート3①②	解答 29_ ワークシート2①～⑤／ 解答 29_ ワークシート3①②	180
30 単位 _ 重さ	30 解説	教材 30_ 単位カード／教材 30_ 単位換算シート		186
31 単位 _ かさ	31 解説	教材 31_ 単位カード／教材 31_ 単位換算シート		190
32 単位 _ 長さ	32 解説	教材 32_ 単位カード／教材 32_ 単位換算シート		194
33 図形の理解①	33 解説	教材 33_ 図形カード／教材 33_ ワークシート1①～⑦／教材 33_ ワークシート2①～⑦		198
34 図形の理解②	34 解説	教材 34_ 三角形のきまり／教材 34_ 四角形のきまり／教材 34_ ワークシート①～③	解答 34_ ワークシート①～③	202

《解説》
算数につまずく子どもたち

算数のつまずきと支援

1 算数は「積み重ね」の教科

一段一段学習の
階段を上がって
いくイメージ

学習が積み重なって先にすすんでいける

算数は、「積み重ね」の教科だといえます。

たとえば、簡単なたし算・ひき算がクリアできたら、次はくり上がりのあるたし算・くり下がりのあるひき算…というように学習を積み重ね、階段を一段一段上がっていくような教科です。

しかし、この積み重ねの学習は、途中のどこかの段（学習）でつまずいてしまうと、次の段に上がっていくことが難しくなります。

つまり、つまずいた学習をそのままにしておくと、そのあとに出てくる学習も、まったくわからなくなってしまうのです。勉強がわからなければ、子どもは学習に対して苦手意識をもち、次第に学ぶ意欲も失ってしまいます。

このことが、子どもを算数嫌いにしてしまう大きな原因でもあるのです。ひとつひとつの学習をていねいに進め、理解させていくことが大切です。

② つまずきの原因は子どもによってさまざま

算数にはつまずきのポイントがある

小学校６年間の算数の学習のなかで、何年生のどの学習でつまずいてしまうかは子どもによっても異なりますが、一般的によく知られているつまずきのポイントがいくつかあげられます。

- くり上がりのあるたし算・くり下がりのあるひき算の計算
- 九九の暗唱（6、7、8の段）
- かけ算・わり算の筆算
- 分数・小数の計算　● 図形の性質
- 長さ・かさ・重さの単位の理解　など

支援が必要な子どもはよりつまずきやすい

発達障害など特別な支援が必要な子どもたちは、一人一人学び方に特性があります。また、何かにこだわってしまったり、集中が続かなかったりしてバランスよく学習を進めていくことが難しいケースもあります。そのため、より多くのポイントでつまずきやすくなってしまうのです。

つまずきの原因は、子どもの発達の課題や学習の身につき方などによってもさまざまです。

背景にこんな原因があることも

- 具体物や絵がないと問われている内容がわからない
- 問題文が読めなかったり内容が理解できなかったりする
- ノートをきちんととることができない
- 板書を写すのが遅い
- 授業の速さについていけない
- 集中が続かない
- 計算の手順を覚えられない
- 筋道を立てて考えを進めることができない

など

③ 早い段階での気づきとていねいな支援が重要

中学校の学習も、小学校の学習の上に積み重なる

中学校の学習は、基本的な四則計算（整数、分数、小数）などといった、算数の基礎がきちんと理解できていることを前提に進められます。扱う数の範囲が、正の数だけではなく負の数にも広がり、「正の数・負の数」や「文字の式」、「方程式」など、さまざまな計算をすることになります。そのときに算数の基礎ができていなければ、最初からつまずいてしまうことになります。

つまり、中学校の学習も、小学校の学習の上に積み重なっていくのです。

中学生になると、学習する内容が多い分進み方も速く、授業のなかだけでわからないことを克服していくことができないかもしれません。

簡単な計算などに戸惑っていると、肝心な学習内容を理解できないまま次の学習へ進んでしまうことになり、結果的に次の学習の内容も理解できなくなってしまいます。

そのような悪循環に陥らせてしまわないためにも、小学生のうちに算数の基礎を理解させることが重要になります。

子どもの学習のようすをきめ細かく観察し、つまずきや学び方の特性を理解したうえで、一人一人に合った支援を速やかに進めることが必要だと思います。

わからなくなったところまで戻っていねいに教える

学習しているところがわからないときには、その学習を何度もくり返すのではなく、階段を下にひとつずつ辿（たど）って、最初にわからなくなってしまったところまで戻り、そこから改めてスタートします。

すぐに立ち戻って学習しなおすことができれば、学習を取り戻すことは可能です。一斉指導でフォローできない場合は、個別の指導でひとつひとつていねいに支援していくことが求められます。

また、算数では手順や技法をマスターするだけでなく、学習の意味を理解して、課題を解決する思考力を身につけることが重要になってきます。

たとえば、九九を学習するときには単に暗記するだけでなく、九九という計算の意味を理解して進めていくことが大切なのです。

学年が上がるにつれて、より論理的・抽象的な考え方が求められるようになります。このとき既習(きしゅう)事項の理解はとても大切になります。

子どもたちが学習の意味を理解したうえで手順や技法をマスターしていけるように、わかりやすく教える工夫をすることが求められます。

支援するときのポイント

＊ 子どもに合わせた教え方を工夫する

子どもの学び方の特性に合わせて教え方を工夫することが大切です。

＊ 意味を教える

計算の手順や技法だけではなく、計算の意味を教えながら進めます。

＊ 説明は具体的に、わかりやすく、簡潔に

子どもにとってわかりやすいことばやエピソード、具体物などをつかいながら、わかりやすく、簡潔に示すことが効果的です。

＊ スモールステップでていねいに

一度に多くの内容を理解するのは、子どもにとって負担になります。子どもに合わせて学習の内容や量を調節し、少しずつクリアできるようにすれば、達成感もたくさん積み重ねることができます。

＊ 学ぶ楽しさを味わわせる

「わかった」「できた」といううれしい体験を増やし、子どもが努力したことは必ず褒めるようにしましょう。学ぶ楽しさを感じることは、次へのやる気にもつながります。

算数セットの教材

インターネットの無料教材

教材準備室の道具

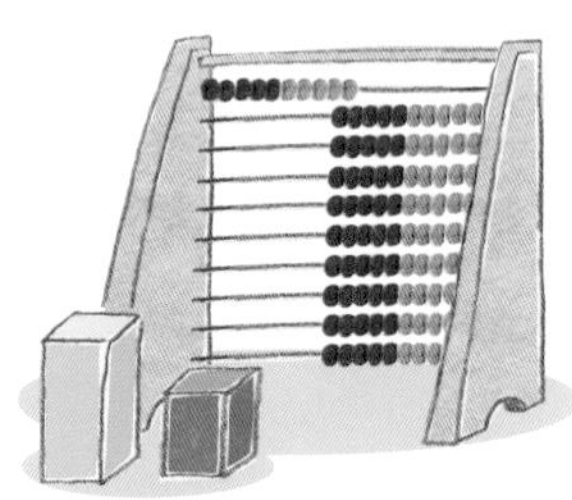

すぐに手に入る教材も活用する

日々の授業があるなかで、支援をする先生方が毎回教材を手づくりすることは、とても大変です。なるべく準備に時間と手間がかからないようにしていくことも、支援をするうえで大切だと思います。

１年生が使用する算数セットの教材や学校の教材準備室の道具を工夫して活用したり、インターネット上で公開されている無料の支援教材をつかったりするなど、活用できるものは最大限活用していきましょう。

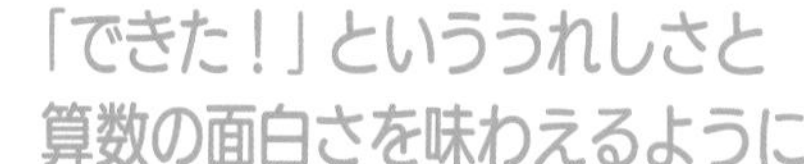

「できた！」といううれしさと算数の面白さを味わえるように

本書では、学習の意味や手順をスモールステップでわかりやすく理解していけるような支援法や教材を紹介しています。

特別支援教育にかかわる子どもたちだけでなく、通常の学級の子どもたちにも活用していただけるものだと思います。

しかし、子どものつまずきは一人一人違いますので、支援の方法もさまざまです。先生方が、支援する子どもの学習スタイルに合わせてアレンジしたり、さらに発展させたりしながら、実際の指導場面に即して活用していただければと思います。

子ども自身が、学習のなかで「できた！」といううれしさを味わうことができれば、次の学びへの意欲にもつながります。そして、筋道を立てて考えていくことの面白さも感じとらせることができたら、きっと、算数を好きになる大きな一歩になると思います。

この本が、そのための一助になれば幸いです。

《教材》
支援事例 & 実践教材

数字の読み書きを間違える

たとえば？ 「5」を見ながら「ろく」と読む、「さん」と言いながら「2」と書くなど数詞と数字が一致していない　など

こんな支援を！ → 歌と絵カードで聴覚的・視覚的に数詞と数字を印象づける

支援の例

01 数字の読み書き

「いち、に、さん…」と唱えることができても、数詞と数字が一致せずに、正しく読んだり書いたりできない子どもに、歌と数字を表す絵カードで数詞と数字を一致させていきます。

■『すうじの歌』を歌おう

PDF 教材01_絵カード①、②

歌いながら絵の中にある数字の形を説明する

1 『すうじの歌』の説明をする

はじめに先生が、『すうじの歌』を歌いながら、絵カードの内容を1から10まで紙芝居のように、1枚ずつ説明する。

2 一緒に歌う

次に、同じように絵カードを見せながら、1から10まで通して子どもも一緒に歌う。慣れてきたら、先生と子どもが歌詞をかけ合って歌うなどしながら楽しく覚える。

すうじの歌／夢虹二作詞

3 数字のイメージが定着したらワークシートに取り組む

歌で一通り数字の形のイメージが定着したら、ワークシートに取り組む。数詞や絵などをヒントにしながら数字や読み方を書く練習をする。

数詞や絵のヒントや数字の見本を見ながら数字を書き込む

教材01 ワークシート① ➡P.16

● みほんを　みながら　すうじを　かきましょう。

いち		1	
に		2	
さん		3	
し(よん)		4	
ご		5	
ろく		6	
しち(なな)		7	
はち		8	
く(きゅう)		9	
じゅう		10	

PDF 教材01_ワークシート①

徐々にヒントを減らし、歌詞と数字を一致させる

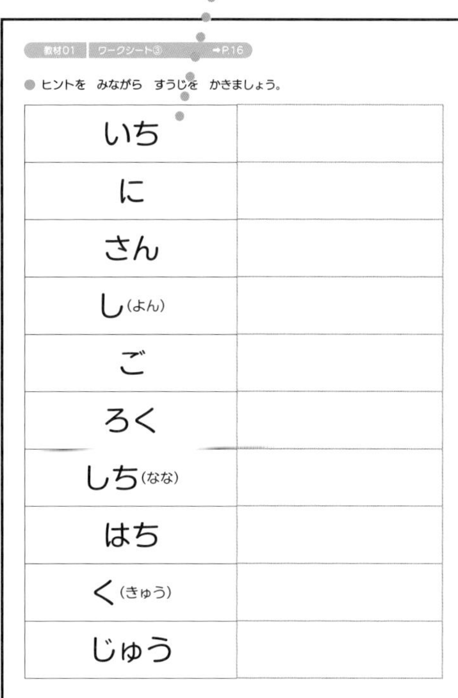

教材01 ワークシート③ ➡P.16

● ヒントを　みながら　すうじを　かきましょう。

いち	
に	
さん	
し(よん)	
ご	
ろく	
しち(なな)	
はち	
く(きゅう)	
じゅう	

PDF 教材01_ワークシート③

Point

- 4は「よん」、7は「なな」、9は「きゅう」とも読むことを教えます。
- 数字の書き順や形は、一度覚えてしまうとなかなか修正できないので、最初に正確に教えることが大切です。
- 『すうじの歌』は、インターネットで動画なども公開されているので、うまく活用するとよいでしょう。

絵カード

子どもに合わせて拡大・縮小して使用してください。
破線の位置で切り取って使用してください。

絵カード

子どもに合わせて拡大・縮小して使用してください。
破線の位置で切り取って使用してください。

絵カード

子どもに合わせて拡大・縮小して使用してください。
破線の位置で切り取って使用してください。

絵カード

子どもに合わせて拡大・縮小して使用してください。
破線の位置で切り取って使用してください。

絵カード

子どもに合わせて拡大・縮小して使用してください。
破線の位置で切り取って使用してください。

ワークシート

● みほんを　みながら　すうじを　かきましょう。

いち		1	
に		2	
さん		3	
し（よん）		4	
ご		5	
ろく		6	
しち（なな）		7	
はち		8	
く（きゅう）		9	
じゅう		10	

数を順番に唱えられない（10より大きい数）

たとえば？
- 「12、14、16…」と、途中で飛ばしてしまう
- 「38、39、50、51…」と、10単位で飛ばしてしまう　など

こんな支援を！ → **数字ブロックを並べながら唱える練習をし、数が増えていくしくみも確認する**

支援の例

02 数を順番に唱える

1 数字ブロックを並べながら100まで唱える

算数セットや教材準備室にある100マスボードに、数字ブロックを1つずつ並べながら、1から100まで順に唱える。100マスボードや数字ブロックがない場合は、教材の〈100マスシート〉と〈数字カード①〉を活用する。

2 数の増え方を確認する

並べ終わったら、「一の位の数字は右へ行くごとに増える」「十の位の数字は下へ行くごとに増える」など、数の変化（増え方）を一緒に確認する。

3 10のまとまりごとに唱える

次に、1から10の行から下を紙で隠し、11から19までを見ないで唱える。紙を一行ずつ下にずらしながら、100まで唱える練習をする。

4 抜けている数字を考える

慣れてきたら、100マスボードに置いた数字ブロックを数か所抜いて、その場所の数字を当てたり、ワークシートの空欄に数字を書き込んだりしながら数字の並びを覚えていく。

教材02 ワークシート① ➡P.24　子どもに合わせて拡大・縮小して使用してください。

● あいている　マスに　すうじを　かきましょう。

1		3		5	6		8		10
11	12		14	15		17		19	
	22	23		25	26		28		30
31		33		35		37			40
		43	44			47		49	

抜けている箇所に数字を書き込む

PDF 教材02_ワークシート①

Point

- 集中が続かない子は、はじめからすべて唱えるのではなく、「きょうは20まで」「あしたは40まで」などと、量を調整して進めるようにします。
- いつも同じ飛ばし方をする子や、読みにくい数字がある子には、その箇所をくり返し教えます。

ステップアップ

- 順番の理解が定着してきたら、同じ要領で逆唱（大きい数から小さい数へと唱えていく）の練習も行うとよいでしょう。
- 数字を順番につないでいくと絵ができあがる「点つなぎ」なども、楽しみながら数字の順番を学習できます。

数字カード

子どもに合わせて拡大・縮小して使用してください。
破線の位置で切り取って使用してください。

1	2	3	4	5	6	7	8	9	10
11	12	13	14	15	16	17	18	19	20
21	22	23	24	25	26	27	28	29	30
31	32	33	34	35	36	37	38	39	40
41	42	43	44	45	46	47	48	49	50
51	52	53	54	55	56	57	58	59	60
61	62	63	64	65	66	67	68	69	70
71	72	73	74	75	76	77	78	79	80
81	82	83	84	85	86	87	88	89	90
91	92	93	94	95	96	97	98	99	100

100マスシート

子どもに合わせて拡大・縮小して使用してください。

● じゅんばんに　すうじを　ならべましょう。

スタート →

ゴール →

ワークシート

子どもに合わせて拡大・縮小して使用してください。

● あいている　マスに　すうじを　かきましょう。

1		3		5	6		8		10
11	12		14	15		17		19	
	22	23		25	26		28		30
31		33		35		37			40
		43	44			47		49	

ワークシート

子どもに合わせて拡大・縮小して使用してください。

● あいている　マスに　すうじを　かきましょう。

51	52		54		56	57		59	60
61		63		65	66		68		70
71		73		75		77	78	79	
	82	83		85	86		88		90
91	92		94			97	98		100

数字の意味を理解していない（10までの数）①

たとえば？
- 見たものの数を正しく唱えられない
- 10まで唱えることはできても、6と8ではどちらが大きいかわからない　など

こんな支援を！ → 絵カードを並べながら数字と数量を正しく対応させていく

支援の例

03 数字の意味理解①

数を唱えることができても、数えあげた最後の数字が個数（量）となることがわかりにくい子どもに、数字の横に具体物を並べながら数と数量を正しく対応させていきます。

1 絵カードを数字の数だけ並べる

❶先生は、ワークシートを切り取って絵カードを作成する。

❷絵カードができたら、子どもはワークシートに取り組む。はじめは先生と一緒に、ワークシートの左側に書かれている数字を「1、2、3…」と唱えながら、数字の数だけ絵カードを並べる。

2 慣れてきたら数を唱えずに並べる

❶数字と数量が一致してきたら、今度は数を唱えずに絵カードを並べる。はじめは5までの数字で順番に練習する。

まずは5まで、数字の数だけ声に出さずに絵カードを並べる

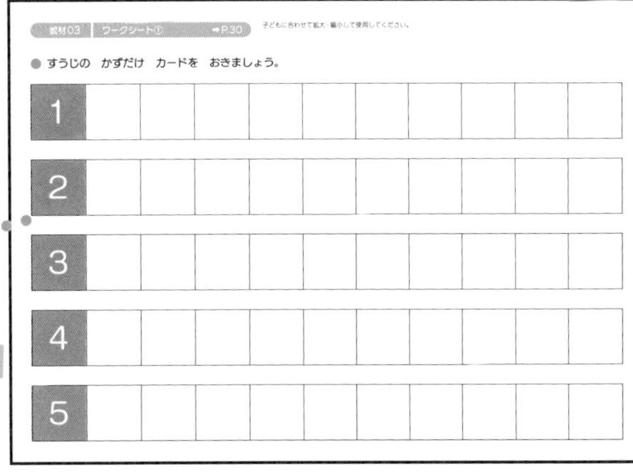

PDF 教材03_ワークシート①

❷次第に数を増やしたり、先生がランダムに言った数字を見つけたりして絵カードを並べていく。

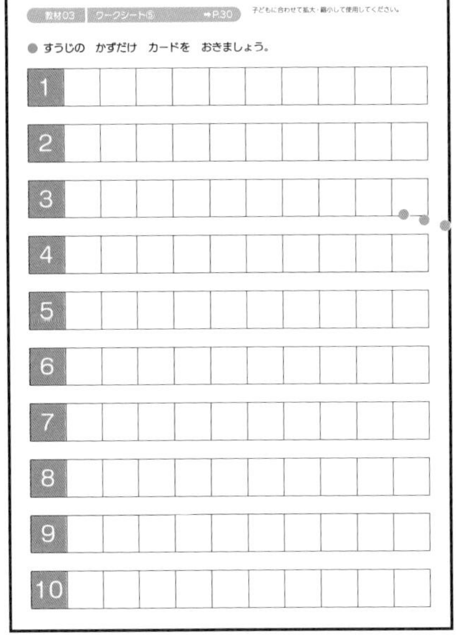

PDF 教材03_ワークシート⑤

並べる数を増やして取り組む

留意点

- 手先が不器用で絵カードを並べることに手間取るような場合は、つかみやすいおはじきなどを活用するとよいでしょう。

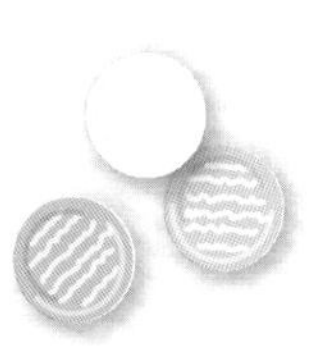

Point

- 1つの数について、数字、数詞、具体物をつなげて「読む」「数える」をうまく認識できるように、いろいろな教材をつかいながら工夫することが大切です。

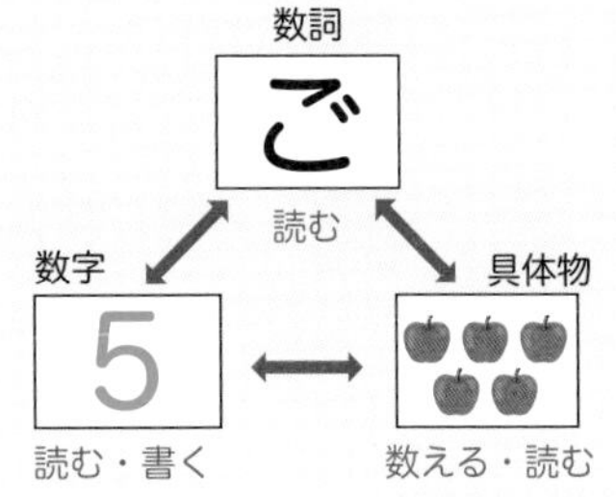

絵カード

子どもに合わあせて拡大・縮小して使用してください。
破線の位置で切り取って使用してください。

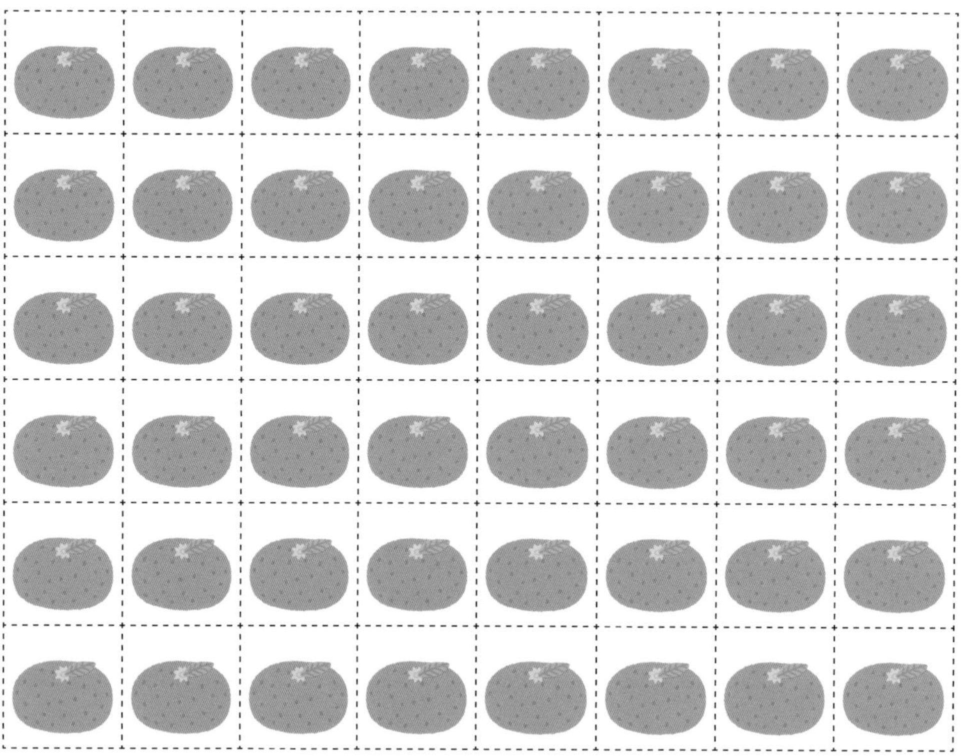

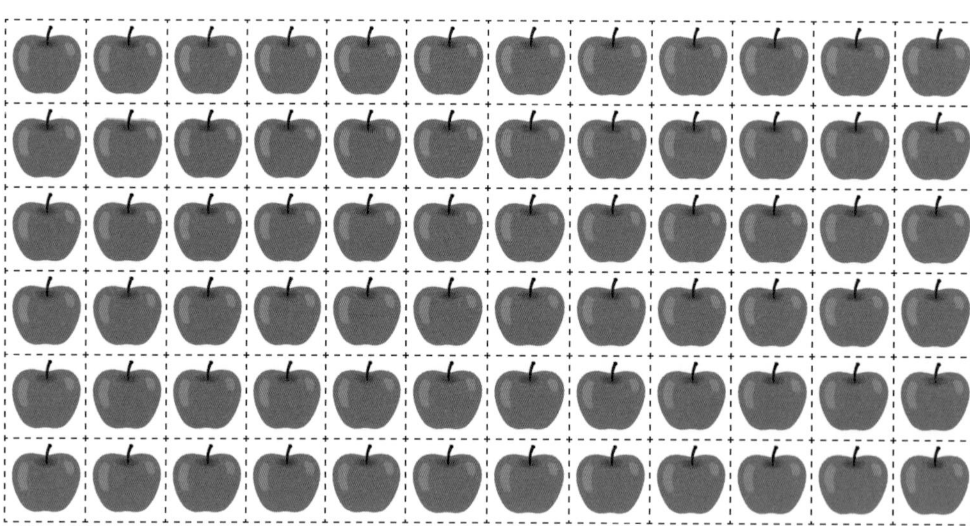

ワークシート

子どもに合わせて拡大・縮小して使用してください。

● すうじの　かずだけ　カードを　おきましょう。

1										
2										
3										
4										
5										

ワークシート

子どもに合わせて拡大・縮小して使用してください。

● すうじの　かずだけ　カードを　おきましょう。

6										
7										
8										
9										
10										

ワークシート

子どもに合わせて拡大・縮小して使用してください。

● すうじの　かずだけ　カードを　おきましょう。

1										
2										
3										
4										
5										
6										
7										
8										
9										
10										

数字の意味を理解していない（10までの数）②

たとえば？

- 数字を順番に唱えることはできても、数の表す意味や大小の理解につまずいてしまう
- 見たものの数を正しく唱えられない　など

こんな支援を！  カードを操作しながら数字と数詞と具体物との対応を理解させる

支援の例

04 数字の意味理解②

「りんごが5個でも、えんぴつが5本でも、すべて5という数で表されること」「どこから数えても個数は同じこと」などを理解させ、数字をただ唱えるだけではなく、数の意味を理解して数えることができるように教えます。

■カード取りゲームをしよう

1 4種類のカードを並べる

2種類の絵カードとドットカード、数字カード（ともに42ページ〈教材05〉を使用する）を、それぞれ1から5までの合計20枚机の上にばらばらに置く。

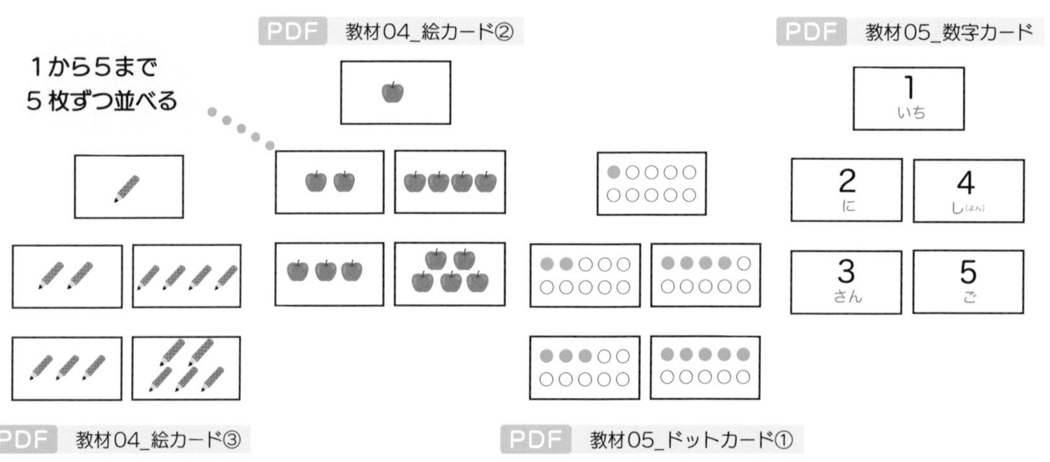

2 同じ数を表すカードを探す

❶先生が「1を表すカード！」と言ったら、子どもは2種類の絵カード、ドットカード、数字カードの4種類から、1の数を表すカードを選び出して、1つのグループにする。

❷先生は、子どもが1を表すカードをすべて正しく取れたことを確認したら、カードを一度もとの場所に戻すよう促し、続けて2から5までのカードも、同じように4枚ずつグループにしていく。

先生が探し出す数を指定する

同じ数を表すカードをグループにする

3 6から10、1から10と徐々に増やしていく

1から5までができたら、次は6から10までのカード20枚、それができたら1から10までのカード40枚、さらに絵カードを増やすなどしながら進める。

Point

- 子どもの理解度に応じて、はじめから4種類のカードをすべてつかうのではなく、2種類だけ（たとえば、ドットカードと絵カード③のみ）などから指導を進めるとよいでしょう。
- それでもわかりにくい場合は、それぞれのカードの向きをそろえて提示することで、よりわかりやすくなります。
- はじめは1人で行わせ、慣れてきたら複数人でゲーム形式で行わせてもよいでしょう。

絵カード

子どもに合わせて拡大・縮小して使用してください。
破線の位置で切り取って使用してください。

絵カード

子どもに合わせて拡大・縮小して使用してください。
破線の位置で切り取って使用してください。

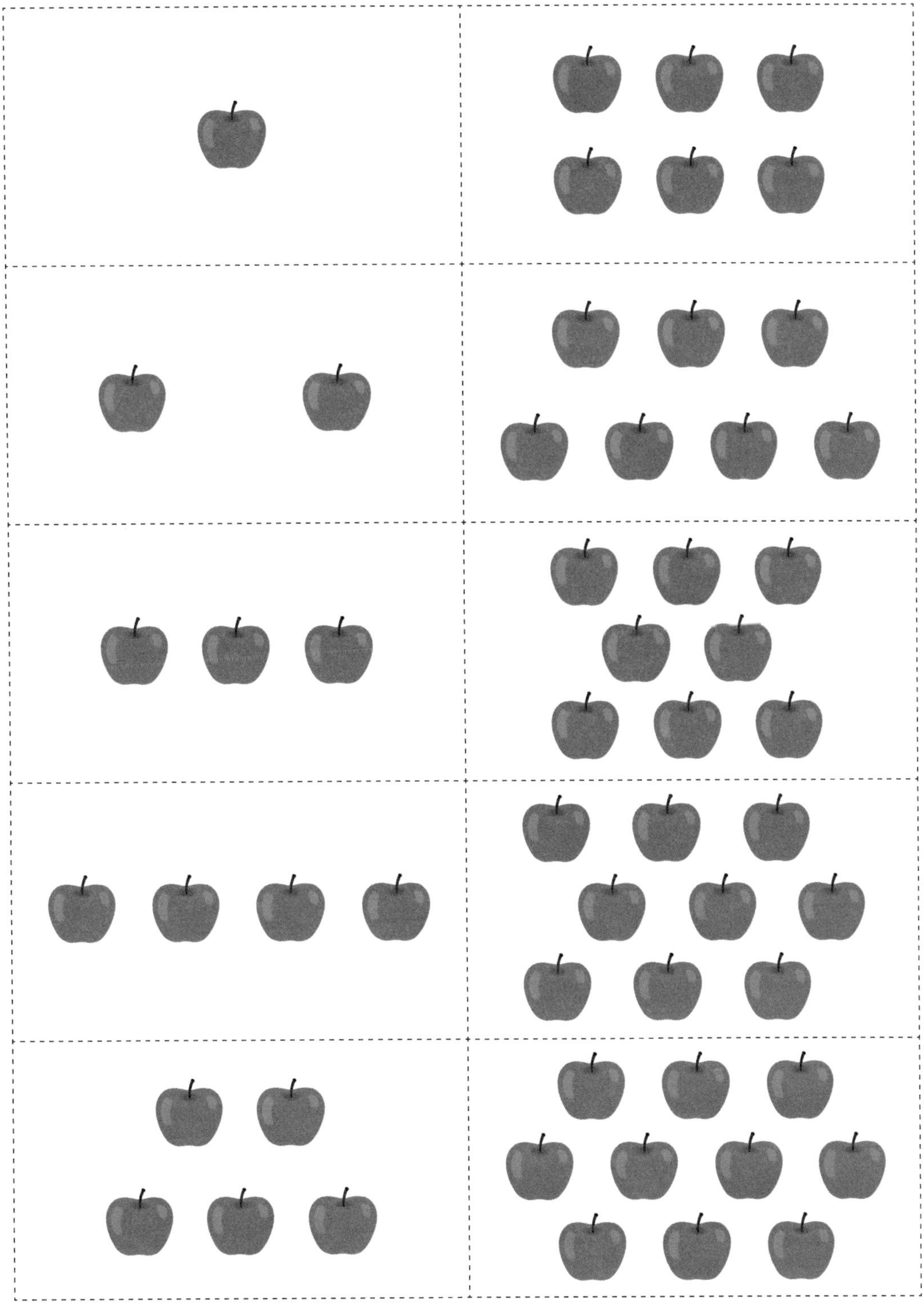

絵カード

子どもに合わせて拡大・縮小して使用してください。
破線の位置で切り取って使用してください。

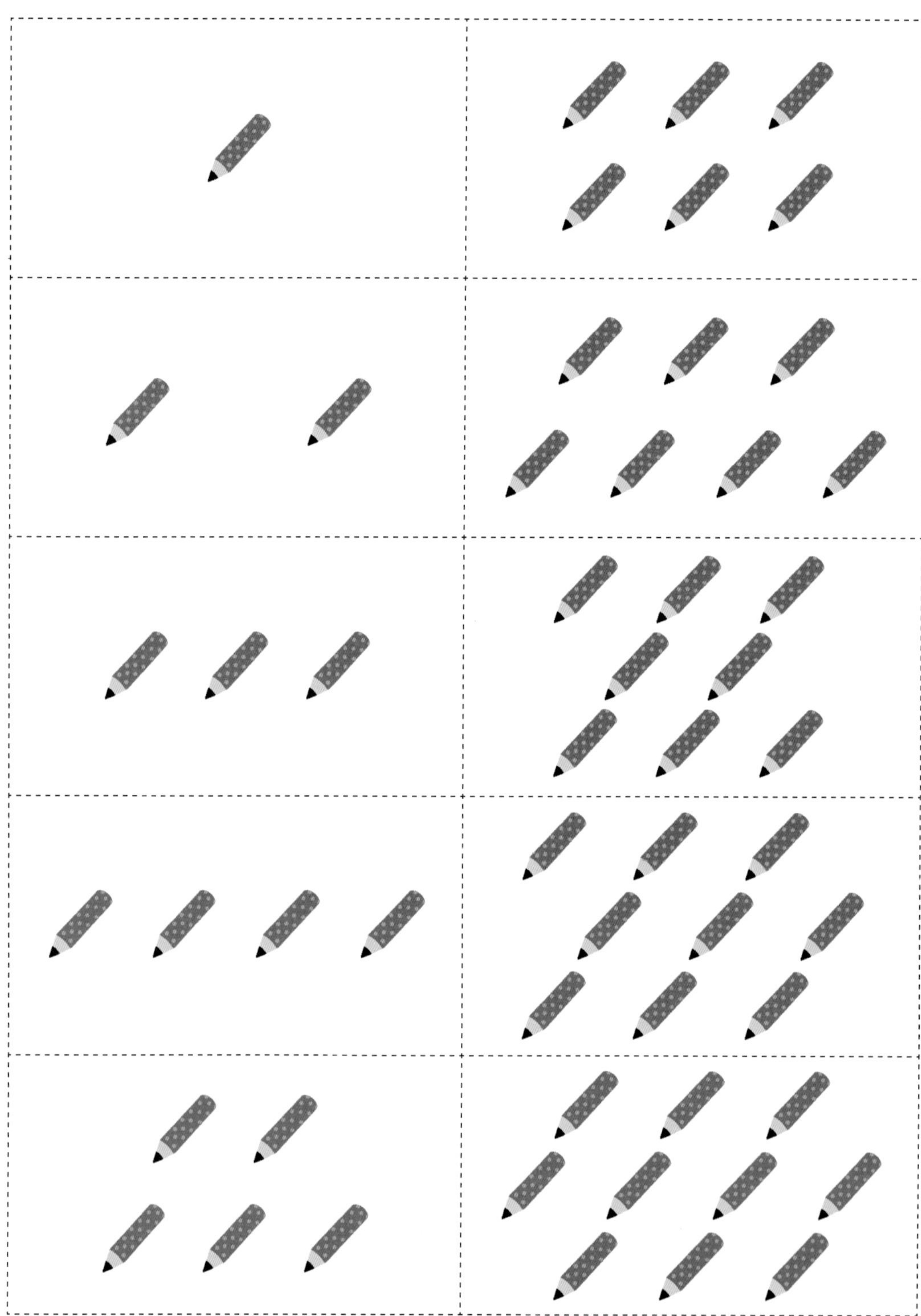

絵カード

子どもに合わせて拡大・縮小して使用してください。
破線の位置で切り取って使用してください。

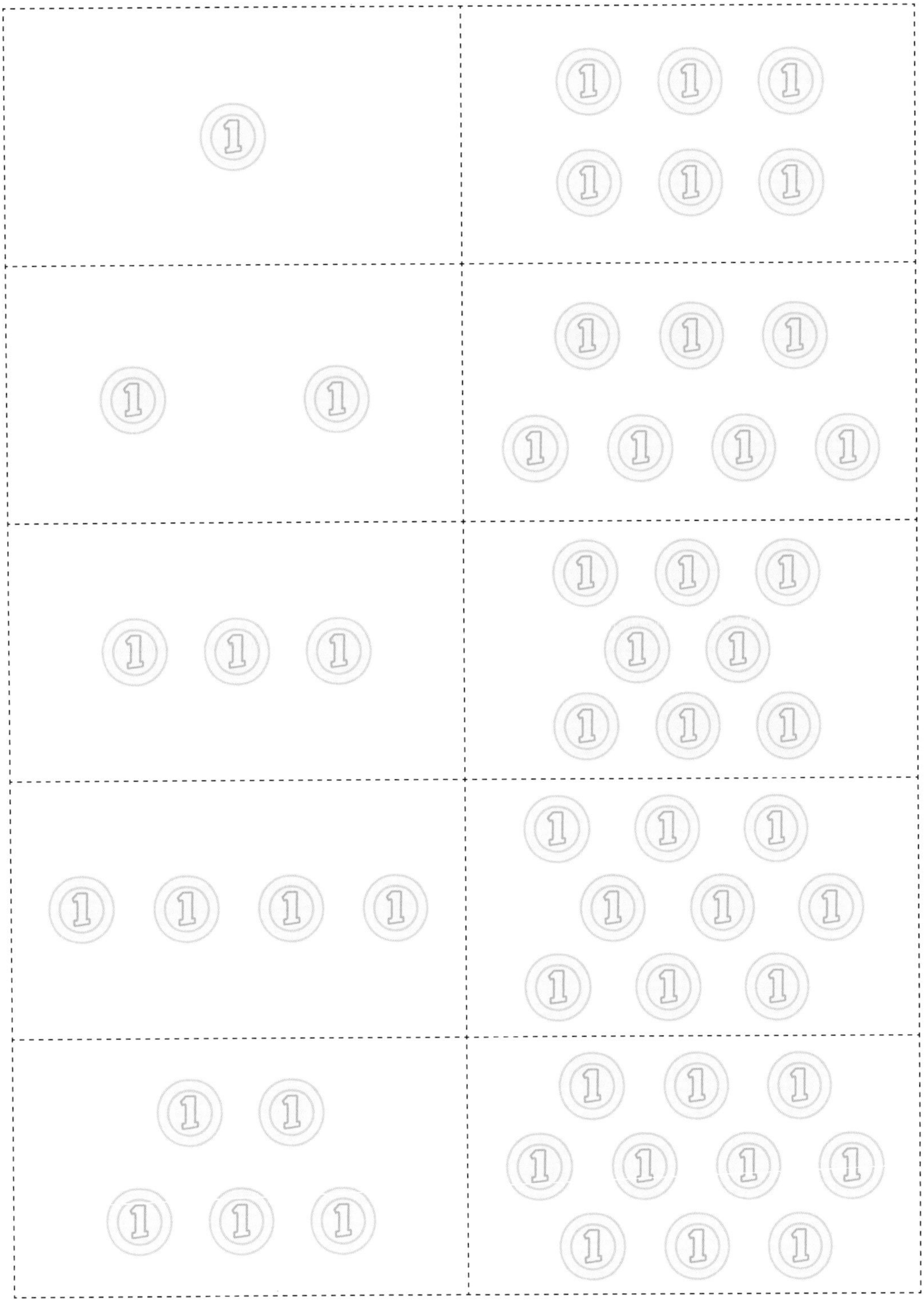

数字と数量の理解に時間がかかる

たとえば？
◎ 数字と数量の関係は理解できているが、瞬時に一致させることが難しい　など

こんな支援を！  **ドットカードと数字カードをすり合わせて、数字と数量を感覚的に理解させる**

支援の例

05 数字と数量の理解

1 先生が示したドットカードが表す数を考える

先生ははじめに、数字を点に置き換えたドットカードを1から10まで1枚ずつ順番に見せ、子どもは、先生が示したドットカードが表す数をこたえる。

2 慣れてきたらランダムに示して行う

慣れてきたら、先生がランダムにドットカードを示して、**1**と同じように練習する。

ドットカードは同じ向きを上にして提示する

教材05　ドットカード①　➡P.42　子どもに合わせて拡大・縮小して使用してください。破線の位置で切り取って使用してください。

PDF　教材05_ドットカード①

留意点

● スピードを求められる活動が負担になる子どもの場合は、ゆっくり時間をかけて、ていねいにくり返し行うようにします。

3 ドットカードと数字カードで数字と数量を一致させる

❶ドットカードを机の上にばらばらに置き、数字カードは裏返しにしたまま10枚重ねて子どもの見えるところに置く。

❷先生は、数字カードを1枚取って表にして置き、数字を見せる。子どもはその数字を表すドットカードを探し出し、瞬時にこたえられるようになるまで練習する。

1 いち	6 ろく
2 に	7 しち(なな)
3 さん	8 はち
4 し(よん)	9 く(きゅう)
5 ご	10 じゅう

数詞も書いてあるのでわかりやすい

PDF 教材05_数字カード

Point

● ドットカードのかわりに、絵カード（36ページ〈教材04〉）を活用してもよいでしょう。子どもに合わせ、学びやすいほうを選ぶようにします。

ドットカード

子どもに合わせて拡大・縮小して使用してください。
破線の位置で切り取って使用してください。

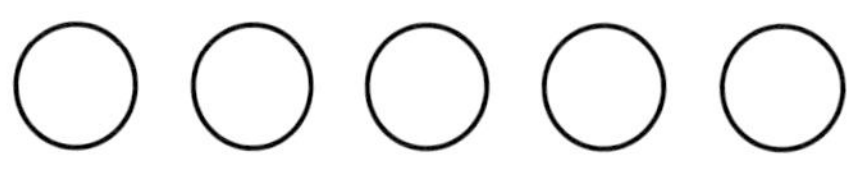
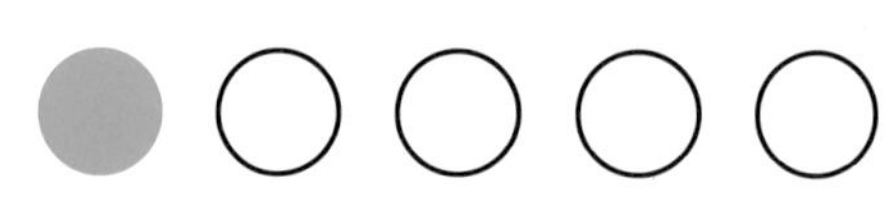
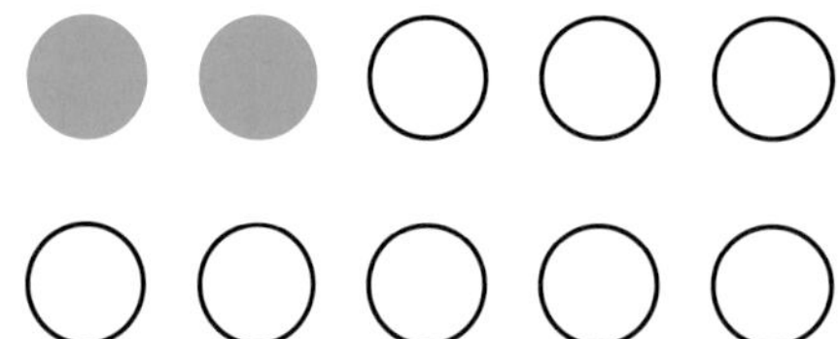

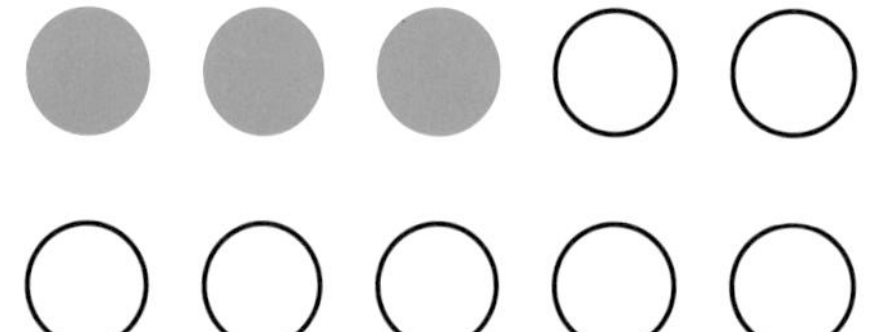

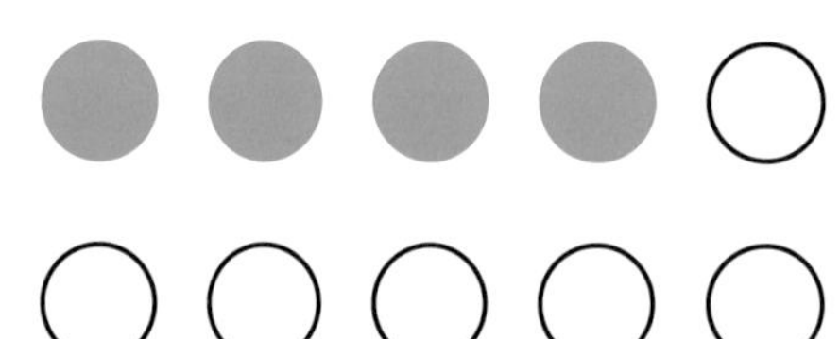

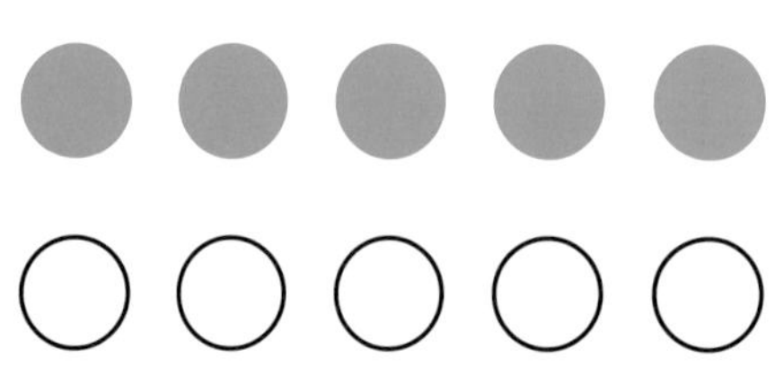

数字カード

子どもに合わせて拡大・縮小して使用してください。
破線の位置で切り取って使用してください。

1 いち	6 ろく
2 に	7 しち(なな)
3 さん	8 はち
4 し(よん)	9 く(きゅう)
5 ご	10 じゅう

位取りの意味が理解できない

「さんじゅういち」を「301」と書く、「625」を「ろくじゅうにじゅうご」と読むなど、大きな数字（3桁や4桁など）の読み方や量を理解できない　など

こんな支援を! → **もののの値段をお金で表しながら位取りのしくみを教える**

支援の例

06 位取りの意味理解

十進法のしくみの理解が難しい子どもに、買い物の場面を想定して、身近なものの値段をお金の模型をつかって表しながら、自然に位取りを習得していけるように支援します。

1 先生が言った金額をお金で表す

先生は、お金カードを切り取り、硬貨や紙幣が表す金額を子どもと確認したら、買い物の場面を想定した問題を出す。

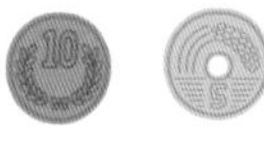

PDF 教材06_お金カード

声かけの例

お店へ行ってチーズバーガーを買い、さんびゃくにじゅうえん（320円）を払います。お金を並べてみましょう。

❶先生は、「320円は、100円3枚と10円2枚ですね」と確認し、ワークシートの一番上の枠にお金カードを並べる。

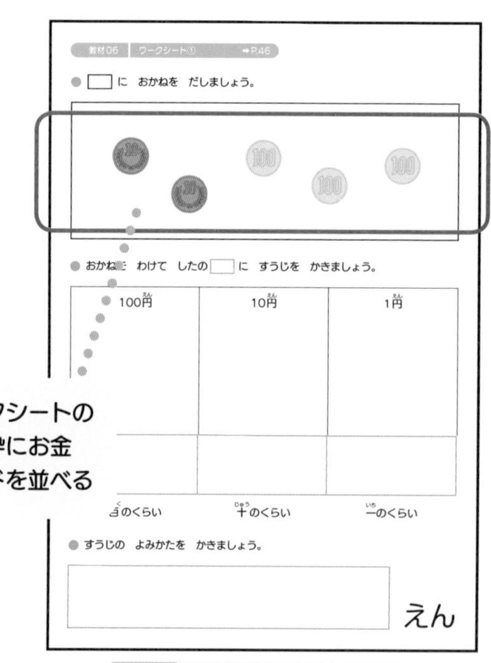

PDF 教材06_ワークシート①

❷子どもは、並べられたお金カードを、ワークシートの2つめの枠に位ごとに分けて置き、その下に分けたお金カードの枚数を書き込む。
このとき、「320」の
- 3は百のくらいの数で、100が3個
- 2は十のくらいの数で、10が2個
- 0は一のくらいの数で、1が0個

という意味であることをしっかり確認し、最後に、金額の読み方を書き込む。

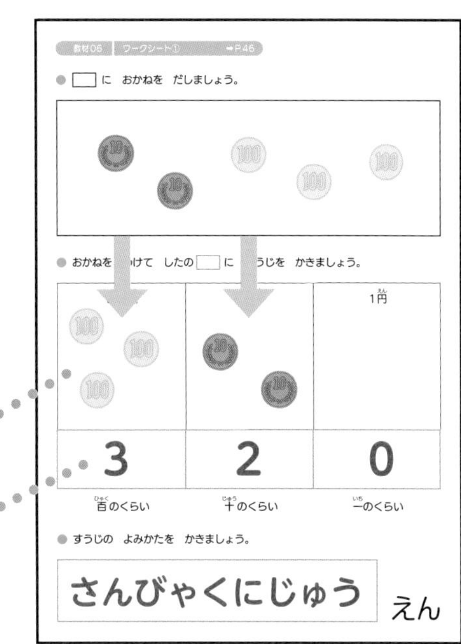

PDF 教材06_ワークシート①

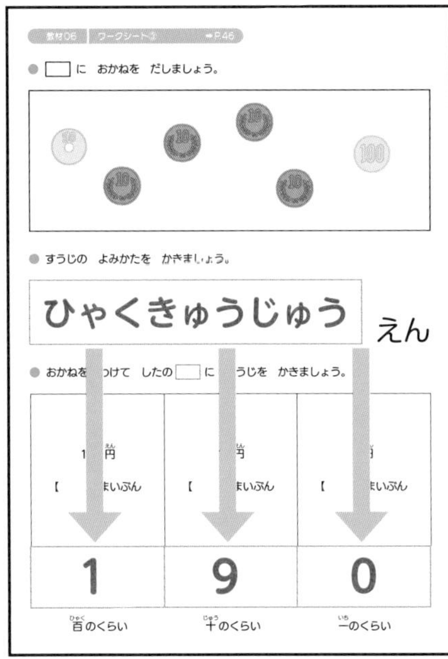

PDF 教材06_ワークシート③

2 ワークシートをかえ先生が払った金額を考える

先生は金額を言わずにお金カードを並べる。

声かけの例

同じお店でポテトを買い、これだけ払いました。
金額はいくらだったでしょう。

❶子どもは、並べた金額がいくらか確認しながら、金額の読み方を書き込む。このとき、わからないようであれば先生が金額を口頭で伝える。

声かけの例

100円が1枚だから100円
50円1枚と10円が4枚で90円
ポテトはひゃくきゅうじゅうえんでした。

❷最後に、位に分けて硬貨の枚数と数字を書き込み、3桁の数が数字で表せるようになったら、4桁でも練習する。

Point

- 5円は2枚で10円、50円は2枚で100円、500円は2枚で1000円になることも確認します。

お金カード

子どもに合わせて拡大・縮小して使用してください。
破線の位置で切り取って使用してください。

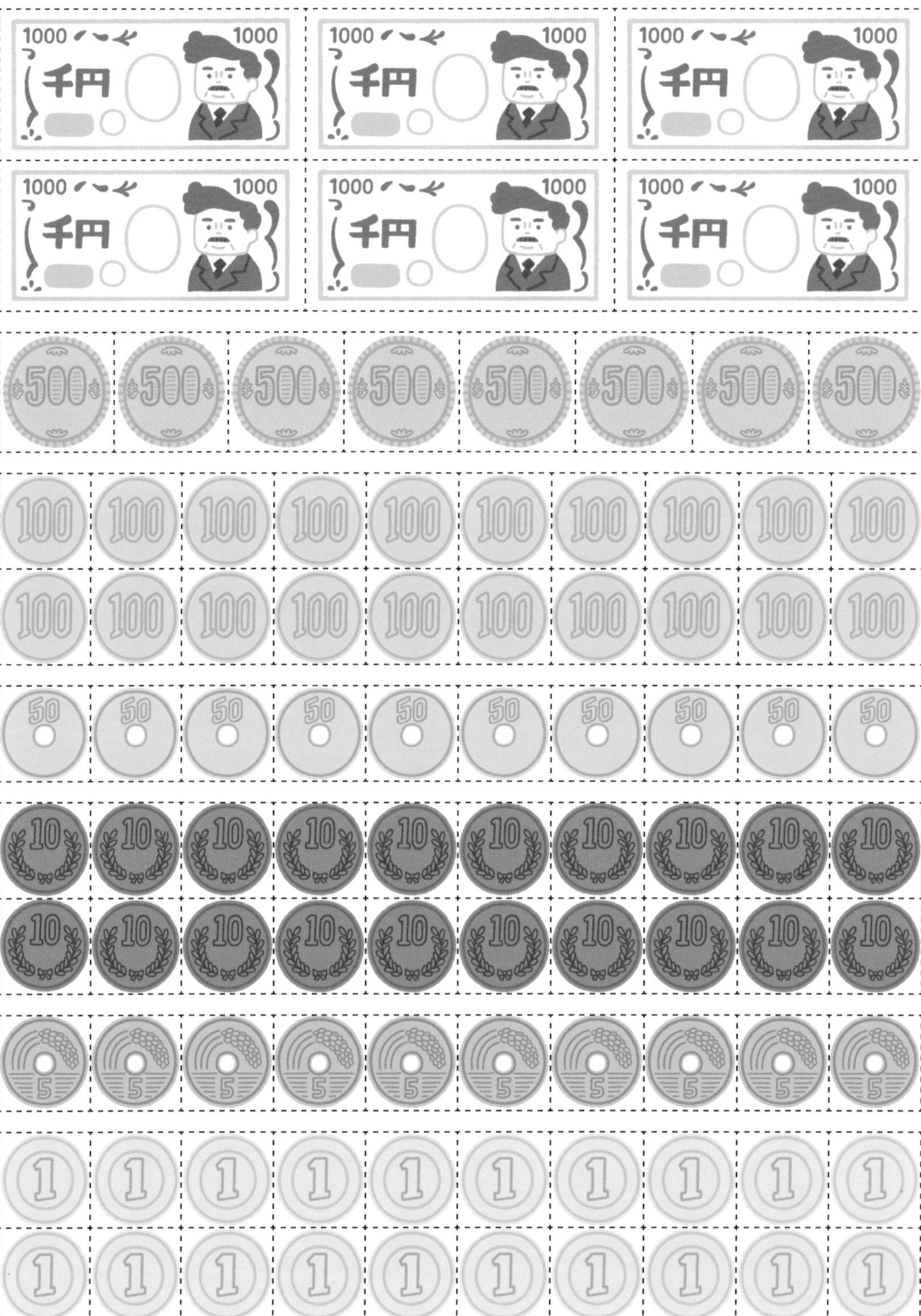

ワークシート

● ＿＿に　おかねを　だしましょう。

● おかねを　わけて　したの＿＿に　すうじを　かきましょう。

100円(えん)	10円(えん)	1円(えん)
百(ひゃく)のくらい	十(じゅう)のくらい	一(いち)のくらい

● すうじの　よみかたを　かきましょう。

えん

ワークシート

● □ に　おかねを　だしましょう。

● すうじの　よみかたを　かきましょう。

えん

● おかねを　わけて　したの □ に　すうじを　かきましょう。

100円(えん) が 【　　　】まいぶん	10円(えん) が 【　　　】まいぶん	1円(えん) が 【　　　】まいぶん
百(ひゃく)のくらい	十(じゅう)のくらい	一(いち)のくらい

ワークシート

● □ に　おかねを　だしましょう。

● おかねを　わけて　したの □ に　すうじを　かきましょう。

1000円(えん)	100円(えん)	10円(えん)	1円(えん)
千(せん)のくらい	百(ひゃく)のくらい	十(じゅう)のくらい	一(いち)のくらい

● すうじの　よみかたを　かきましょう。

えん

5から9までの合成・分解に時間がかかる①

たとえば？ ◉「9は1と8、2と7…」などと順番に言うことはできるが、「9は２と何？」などとばらばらに聞かれるとわからない　など

こんな支援を！ → **全体の数を視覚的に確認しながら補数を見つける練習をする**

支援の例

07 5から9までの合成・分解①

1 オセロの駒を並べる

例）5の合成・分解を教える場合

先生が、オセロの駒を一列に５枚並べ、左から１枚ずつ裏返し、黒の数を一列ごとに増やしていく。

※１列だけをつかい、左から黒の数を１枚ずつ増やしていく方法でもよい。

左から一枚ずつ裏返す

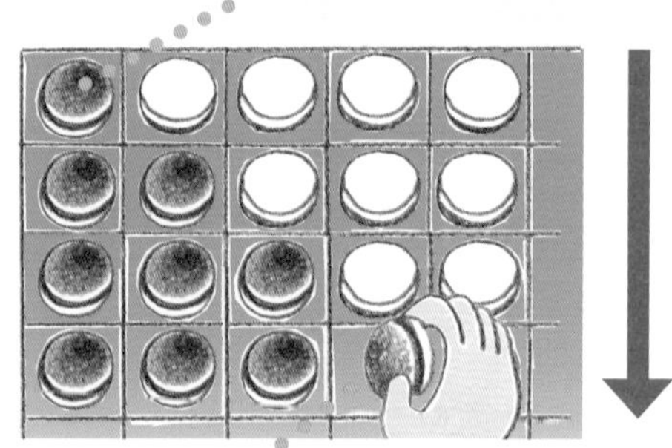

黒い駒の数を１つずつ増やし、白い駒の残りが１つになるまでくり返す

2 組み合わせのパターンを確認する

子どもと一緒にオセロが5枚の場合は、黒と白の駒の組み合わせは「１と４」「２と３」「３と２」「４と１」の4種類あることを確認し、組み合わせのパターンを声に出して言わせる。6から9までも同じように進める。

1と4
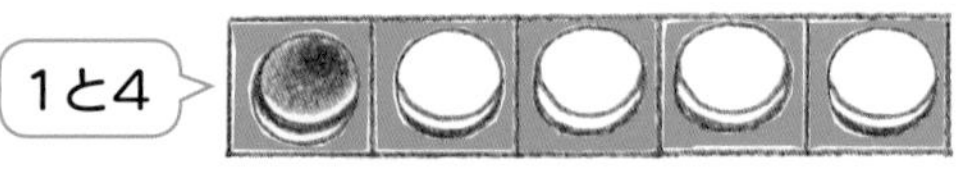

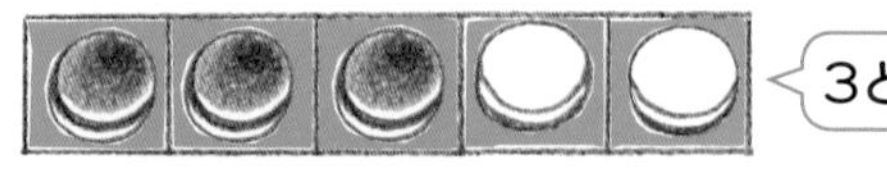
3と2

2と3

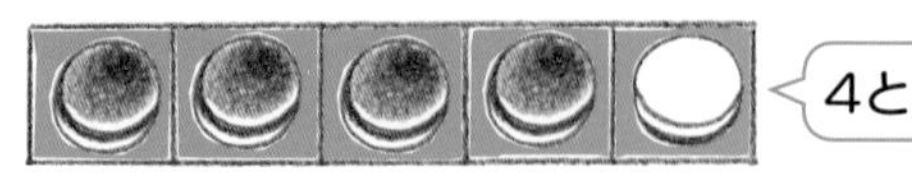
4と1

3 見えていない駒の数を考える

組み合わせを順番に言ったら、今度は先生が5枚の駒のうち何枚かを手などで隠して見せ、子どもは隠された駒の数を当てる。6から9までも、理解のようすを見ながら同じように進める。

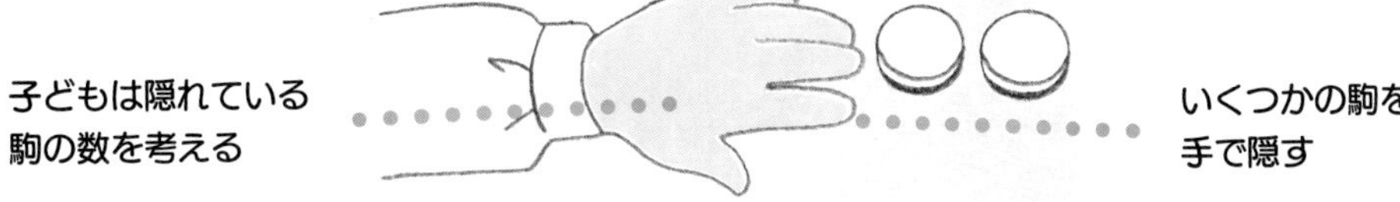

4 ワークシートに取り組む

何度かくり返したら、オセロと同様にそれぞれの数の補数を考えるワークシートに取り組む。

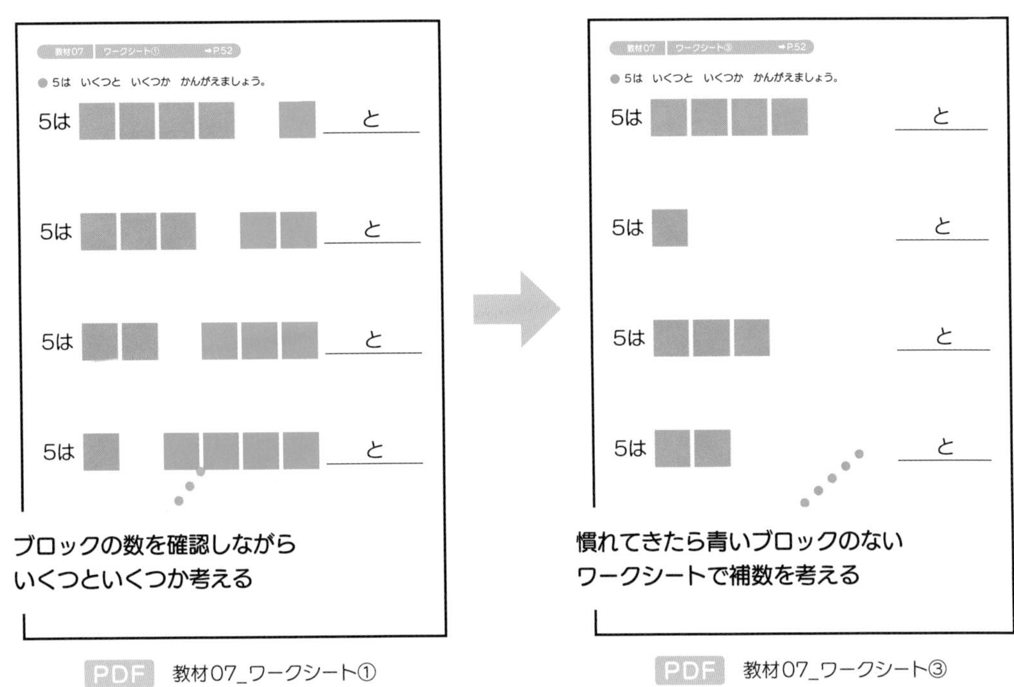

PDF 教材07_ワークシート①

PDF 教材07_ワークシート③

Point

- オセロの駒を裏返す操作を取り入れることで、補数の組み合わせを視覚的に確認します。
- ワークシートは、組み合わせのパターンが見えている状態で取り組むので、数の合成・分解をイメージしやすくなっています。

ワークシート

● 5は　いくつと　いくつか　かんがえましょう。

5は 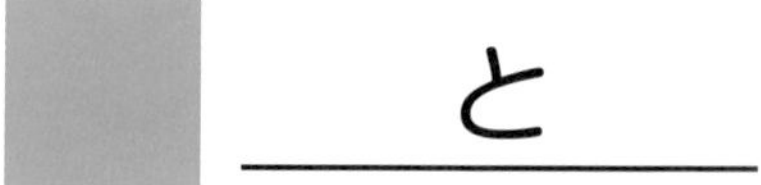 と ＿＿＿＿＿

5は  と ＿＿＿＿＿

5は  と ＿＿＿＿＿

5は　　と ＿＿＿＿＿

ワークシート

● 5は　いくつと　いくつか　かんがえましょう。

5は    と＿＿＿＿

5は      と＿＿＿＿

5は      と＿＿＿＿

5は     と＿＿＿＿

ワークシート

● 5は　いくつと　いくつか　かんがえましょう。

5は 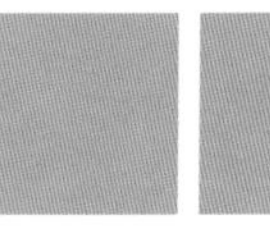  と

5は  と

5は  と

5は 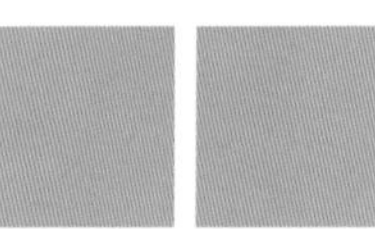 と

ワークシート

● 6は　いくつと　いくつか　かんがえましょう。

6は  　と

6は　と 

 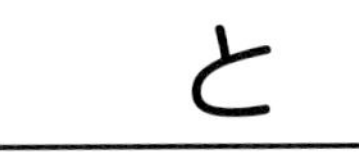

5から9までの合成・分解に時間がかかる②

たとえば? 「8は2と7」「5は4と2」など、組み合わせの数を間違えてしまう　など

こんな支援を! → **全体の数を視覚的に確認しながら補数を見つける練習をする**

支援の例

08 5から9までの合成・分解②

■ビー玉は何個入ってる?

1 コップを2つ用意する

先生は、紙コップと透明のプラカップ、ビー玉５個を用意する。

2 子どもにビー玉の数を確認させる

先生ははじめに、紙コップの中にビー玉を５個入れ、子どもに個数を確認させる。

3 見えていないビー玉の数を考える

次に先生は、紙コップから透明のプラカップにビー玉をいくつか移し入れる。子どもは、透明のプラカップに入っているビー玉の数を手がかりにしながら、紙コップにはビー玉がいくつ残っているかを考える。子どものようすを見ながら、少しずつビー玉の数を増やしていき、6～9まで同様に進める。

4 ワークシートに取り組む

慣れてきたらワークシートに取り組み、それぞれの数の補数を考えて書き込む。

見えない個数がいくつなのかを考える

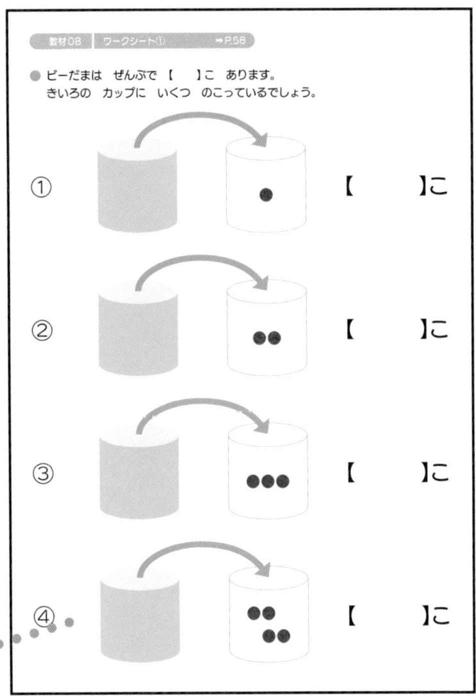

教材08 ワークシート① ➡P.58

● ビーだまは　ぜんぶで【　　】こ　あります。
きいろの　カップに　いくつ　のこっているでしょう。

①【　　】こ

②【　　】こ

③【　　】こ

④【　　】こ

PDF 教材08_ワークシート①

Point

- 理解に時間がかかる場合は、プリントの余白などに、先生が全部の数分の丸印を描いておき、参考にさせてもよいでしょう。
- 数の合成・分解が理解できていないと、くり上がりのあるたし算や、くり下がりのあるひき算の学習がとても難しくなってしまいます。子どもに合った方法で、くり返し学習しながら身につけていくことが必要です。

ワークシート

● ビーだまは　ぜんぶで【　　】こ　あります。
きいろの　カップに　いくつ　のこっているでしょう。

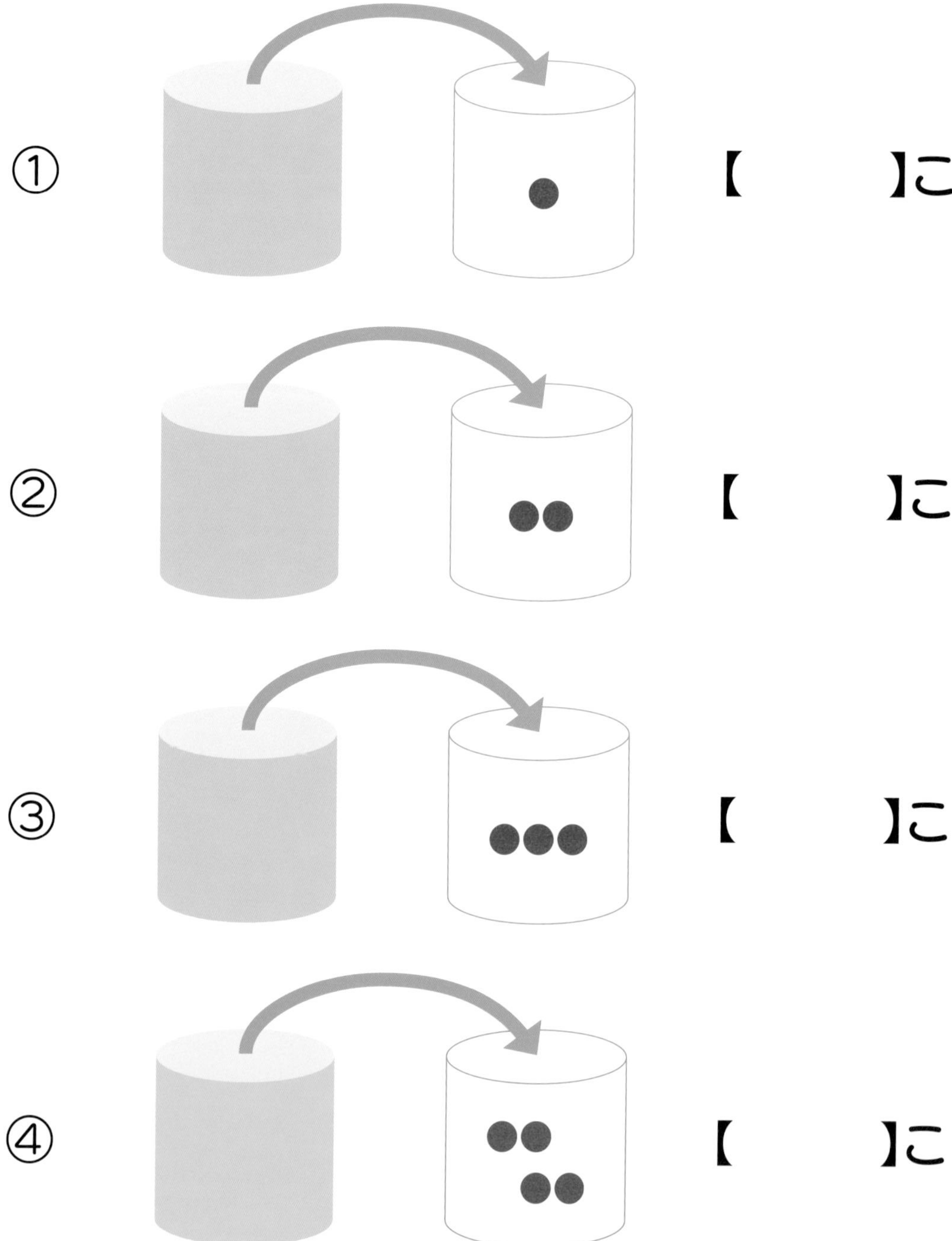

ワークシート

● ビーだまは　ぜんぶで　【　　】こ　あります。
きいろの　カップに　いくつ　のこっているでしょう。

10の合成・分解に時間がかかる

たとえば？

- 「1と□で10」「10は1と□」などの問題がわからない
- 「7と3で10」とわかっても、「3と何で10」になると考えるのに時間がかかる　など

こんな支援を！ → ドットカードを重ね、いくつといくつで10の組み合わせができるかを確認する

支援の例

09 10の合成・分解

■10をつくろう

1 透明のドットカードを作成する

無色のクリアファイルをつかい、赤と青のシールをそれぞれ1から10枚貼った透明のドットカードをつくり、机の右側に赤の透明ドットカードの1から9までを、机の左側に青の透明ドットカードの1から9までをそれぞればらばらに置く。

2 合わせて10になる組み合わせを探す

❶先生が、青の1のドットカードと赤の9のドットカードを探し、1と9で10になることを確認する。

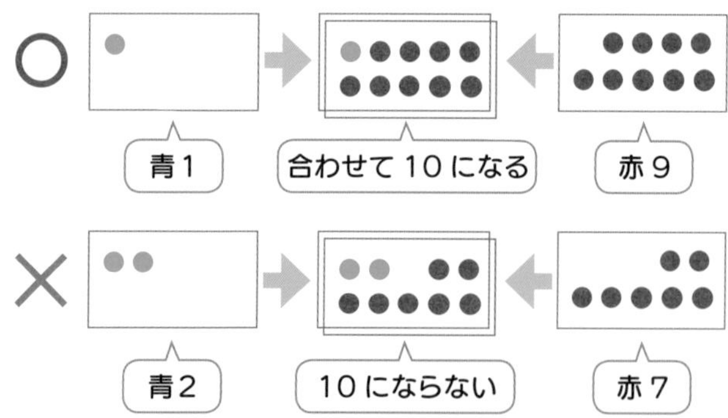

❷赤と青のドットカードを１枚ずつ選んで重ね、「１と９」のほかに、ちょうど10にするためにはどんな組み合わせがあるのかを、すべてのカードをつかって確認する。何度かくり返したら、今度は子どもに組み合わせを探させる。

「2と8だね」「4と6だね」などと組み合わせを読みあげ確認しながら並べる

3 ワークシートに取り組む

❶くり返し練習し、「いくつといくつ」が出てくるようになってきたら、ドットカードと同じ数図が描かれたワークシートに取り組む。

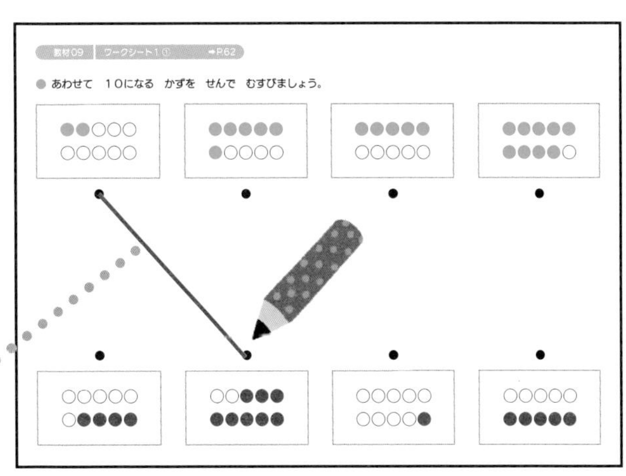

組み合わせを線でつなぐ

PDF　教材09_ワークシート1①

❷次に、数字を書き込むワークシートへ進んでいく。

教材09　ワークシート2①　➡P62

あわせて　10になる　かずを □ に　かきましょう。

《10のヒント》
ブロックを　かぞえながら　かんがえてみましょう。

① 1 と □ で 10
② 2 と □ で 10
③ 3 と □ で 10
④ 4 と □ で 10
⑤ 5 と □ で 10
⑥ 6 と □ で 10
⑦ 7 と □ で 10
⑧ 8 と □ で 10
⑨ 9 と □ で 10

難しい場合は、右上のブロックの図を数えながら考えるよう伝える

PDF　教材09_ワークシート2①

ステップアップ

● トランプの♦♥♠♣の１から９までのカード36枚をつかって、合わせて10になる組み合わせをつくる神経衰弱ゲームで遊ぶのも有効です。

ワークシート

● あわせて　１０になる　かずを　せんで　むすびましょう。

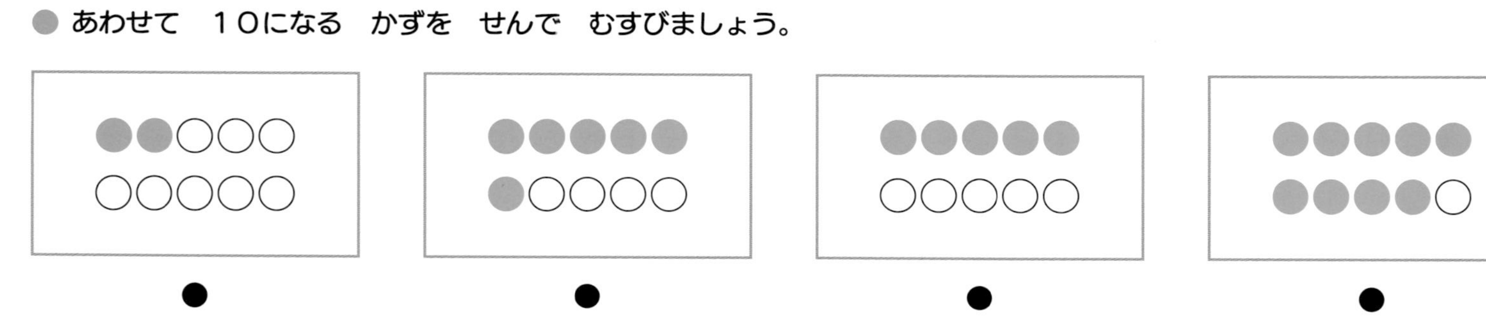

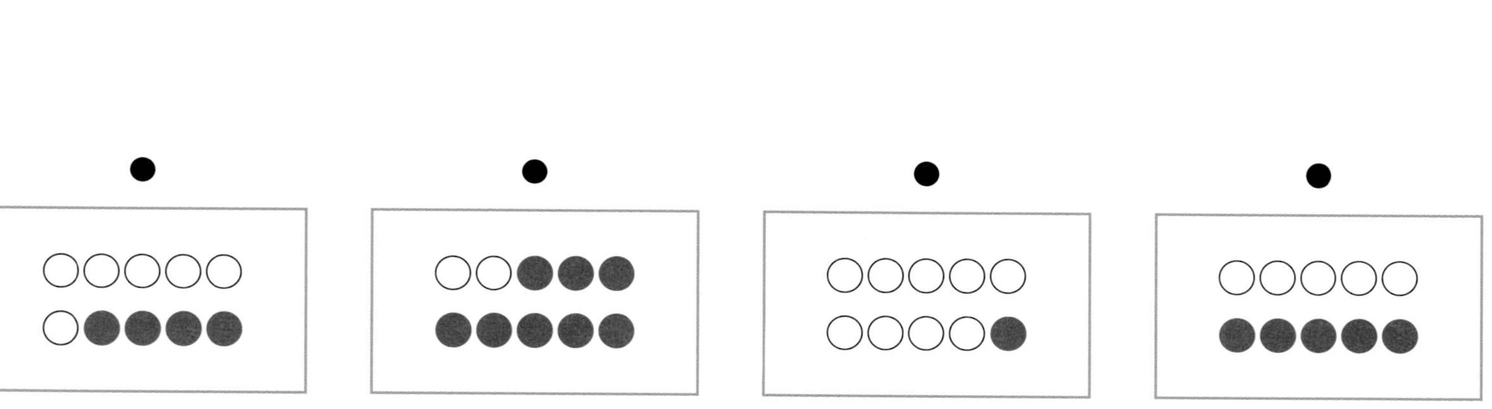

ワークシート

● あわせて　１０になる　かずを　せんで　むすびましょう。

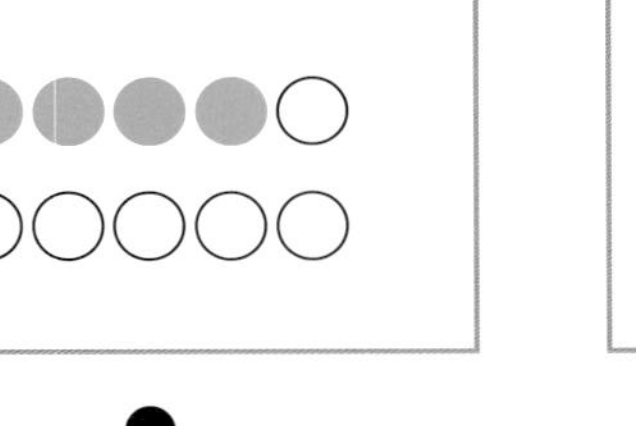
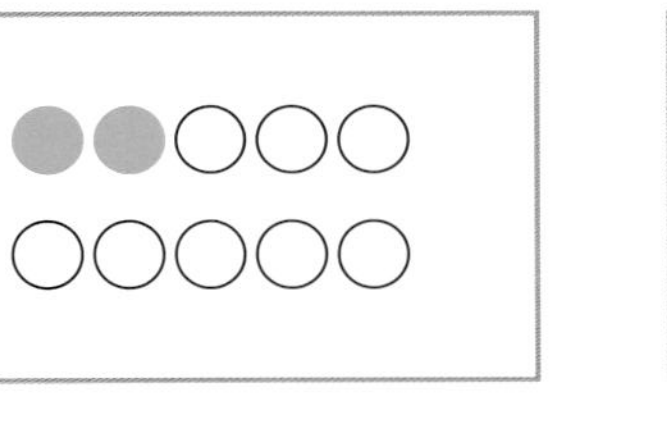
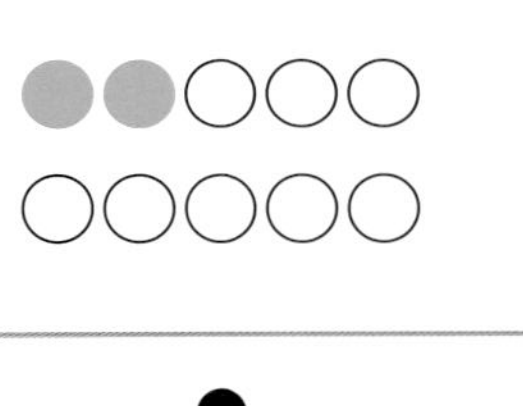

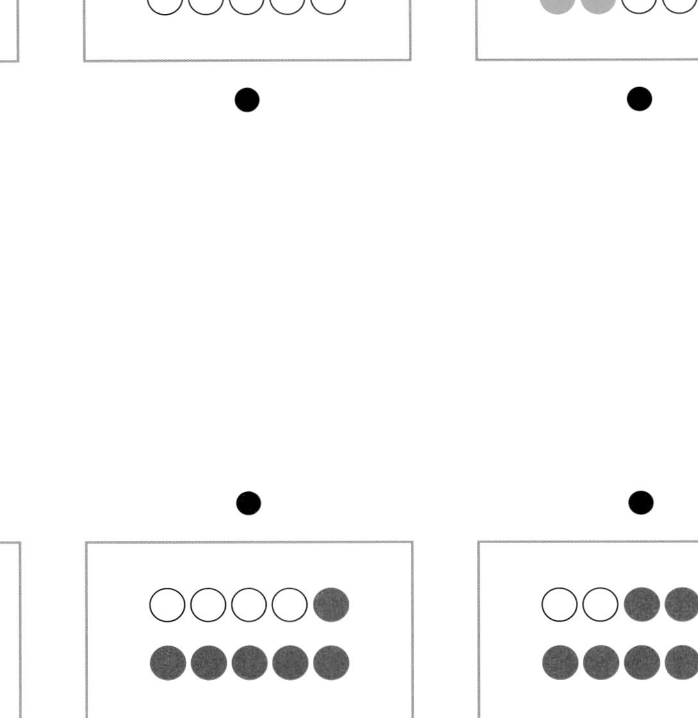
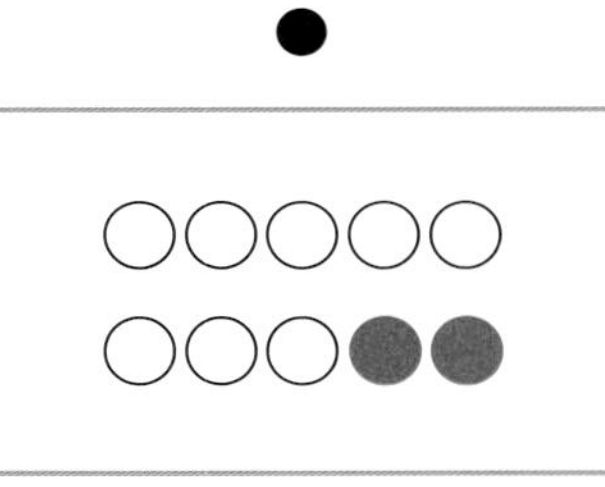

ワークシート

● あわせて　１０になる　かずを □ に　かきましょう。

① 1 と □ で 10

② 2 と □ で 10

③ 3 と □ で 10

④ 4 と □ で 10

⑤ 5 と □ で 10

《10のヒント》

ブロックを　かぞえながら　かんがえてみましょう。

⑥ 6 と □ で 10

⑦ 7 と □ で 10

⑧ 8 と □ で 10

⑨ 9 と □ で 10

ワークシート

● あわせて　10になる　かずを □ に　かきましょう。

① 7　と　□　で　10

② 3　と　□　で　10

③ 2　と　□　で　10

④ 4　と　□　で　10

⑤ 6　と　□　で　10

《10のヒント》

ブロックを　かぞえながら　かんがえてみましょう。

⑥ 9　と　　で　10

⑦ 5　と　□　で　10

⑧ 1　と　□　で　10

⑨ 8　と　□　で　10

たし算をつかう場面がわからない

たとえば？
- たし算の意味が理解できていない
- 「6＋2」ができても、「2＋6」などと数字が逆になると計算ができない　など

こんな支援を！ → **身近なストーリーでたし算の意味を理解させながら計算の練習をする**

支援の例

10 たし算の場面理解

身近なストーリーを示し、「合わせる」ことや「増える」ことは、たし算をつかって計算することを教えます。おはじきを操作しながら計算の練習をし、たし算の意味を理解させます。

1 おはじきをつかってたし算をする

先生は、たし算のキーワードが入った問題文を子どもに読んで聞かせる。

ピクニックに　いくので
おにぎりを　3こ　つくりました。
すこし　たりなかったので
あとから　2こ　つくりました。
おにぎりは　ぜんぶで　なんこになりますか。

❶子どもは問題文と絵を見て、出てくるおにぎりの数だけ、真ん中の枠におはじきを出す。

おはじきを並べる

PDF 教材10_ワークシート①

❷出したおはじきの数を次の段の枠に書き込み、たし算をする。

❸ほかのキーワードをつかったワークシートにも取り組む。

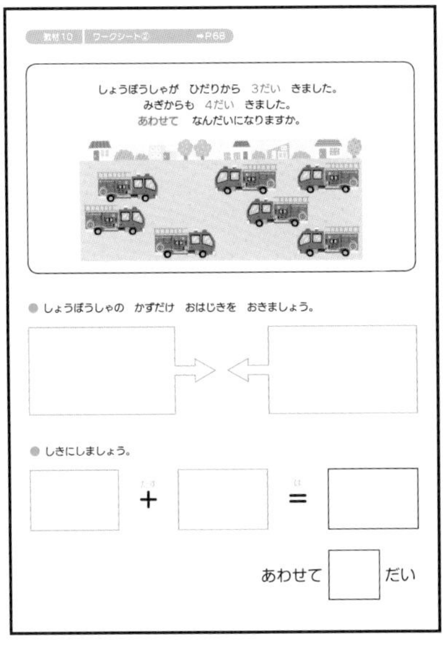

PDF　教材10_ワークシート②

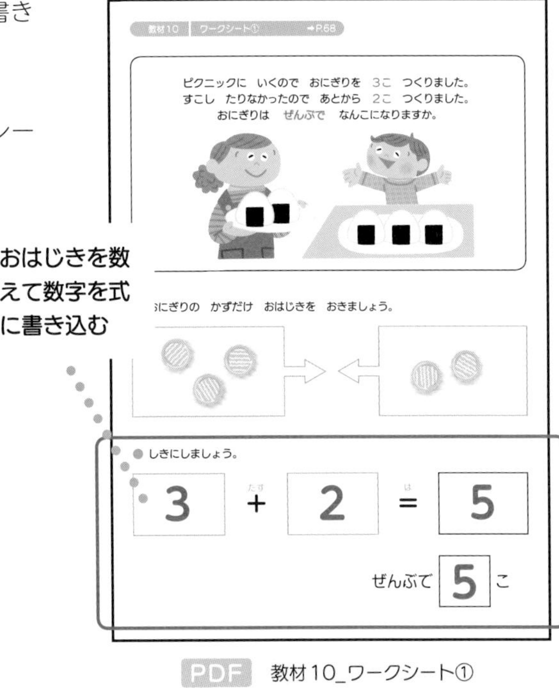

PDF　教材10_ワークシート①

2 一緒にたし算のキーワードを確認する

子どもと一緒にたし算のキーワードをひとつひとつ読みあげ、具体的なたし算の場面を言わせたり、先生が言って聞かせたりする。

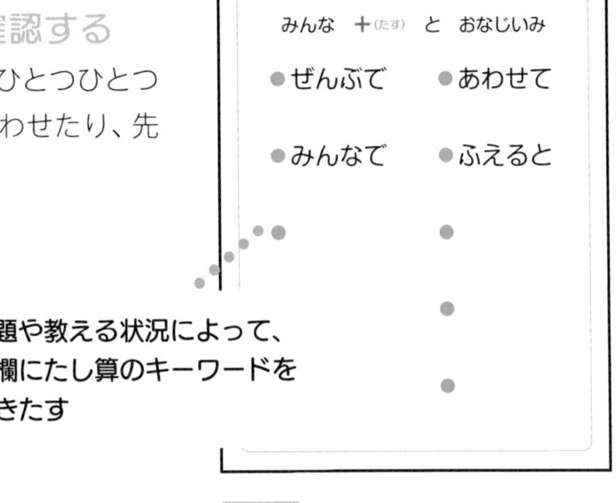

PDF　教材10_たし算のキーワード

Point

● たし算のキーワードは、文章題の学習でもポイントとなるので、押さえておくことが大切です。

ワークシート

ピクニックに　いくので　おにぎりを　3こ　つくりました。
すこし　たりなかったので　あとから　2こ　つくりました。
おにぎりは　ぜんぶで　なんこになりますか。

● おにぎりの　かずだけ　おはじきを　おきましょう。

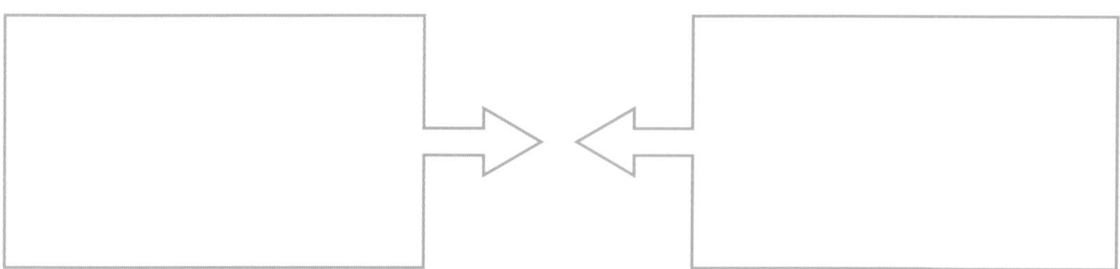

● しきにしましょう。

ぜんぶで □ こ

ワークシート

しょうぼうしゃが　ひだりから　3だい　きました。
みぎからも　4だい　きました。
あわせて　なんだいになりますか。

● しょうぼうしゃの　かずだけ　おはじきを　おきましょう。

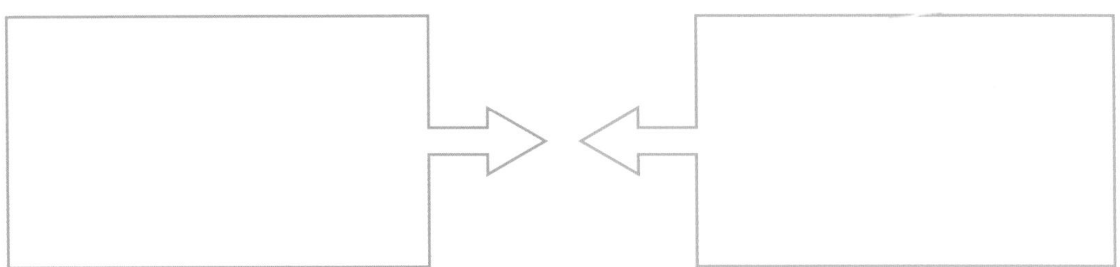

● しきにしましょう。

あわせて □ だい

ワークシート

6にんで　おにごっこをしていました。
そこに　あとから　3にん　きました。
みんなで　なんにんになりますか。

● ともだちの　にんずうだけ　おはじきを　おきましょう。

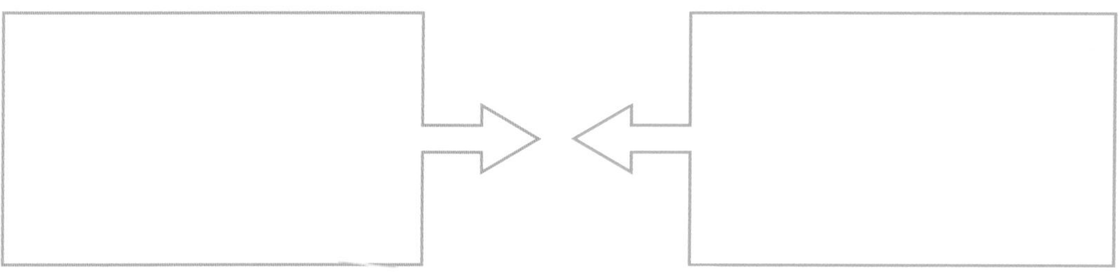

● しきにしましょう。

みんなで □ にん

たしざんの　ことば

みんな　＋(たす)　と　おなじいみ

- ぜんぶで
- あわせて
- みんなで
- ふえると
-
-
-
-
-
-

ひき算をつかう場面がわからない

たとえば？
- ひき算の意味が理解できていない
- 式がつくれてもこたえを出すまでに時間がかかる　など

こんな支援を！ → 身近なストーリーでひき算の意味を理解させながら計算の練習をする

支援の例

11 ひき算の場面理解

身近なストーリーを示し、「なくなる」「減る」ときの残りの数や、「違い」を調べるときは、ひき算をつかって計算することを教えます。おはじきを操作しながら計算の練習をし、ひき算の意味を理解させます。

1 おはじきをつかってひき算をする

先生は、ひき算のキーワードが入った問題文を子どもに読んで聞かせる。

チョコレートが　5こ　あります。
そのうち　2こ　たべました。
のこりは　なんこになりますか。

❶子どもは問題文と絵を見て、はじめに出てくるチョコレートの数だけ、真ん中の枠におはじきを出す。

❷おはじきの数を確認して、次の段のひかれる数の枠に数字「5」を書き込む。

PDF　教材11_ワークシート①

❸次に、食べたチョコレートの数「2」だけおはじきを動かし、次の段のひく数の枠に数字を書き込み、ひき算をする。

ひく分を移動させるおはじきの操作が難しい場合は、理解するまで先生が手伝う

❹ほかのキーワードをつかったワークシートにも取り組む。

PDF　教材11_ワークシート①

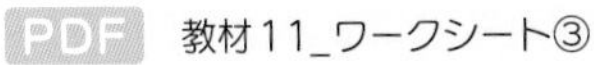
PDF　教材11_ワークシート③

「違い」を調べるときはそれぞれの数を並べて確認する

2 一緒にひき算のキーワードを確認する

子どもと一緒にひき算のキーワードをひとつひとつ読みあげ、具体的なひき算の場面を言わせたり、先生が言って聞かせたりする。

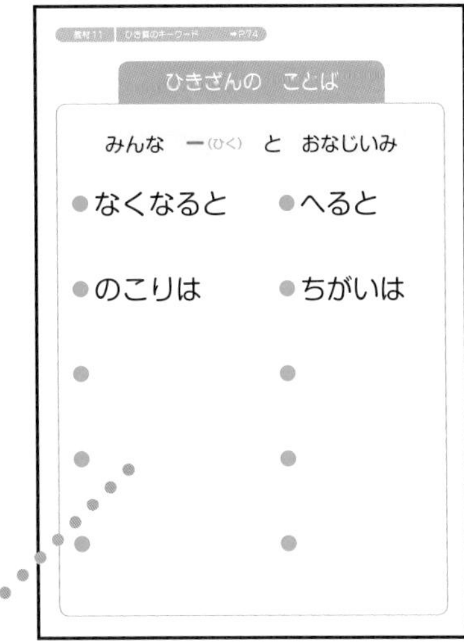

問題や教える状況によって、空欄にひき算のキーワードを書きたす

PDF　教材11_ひき算のキーワード

留意点

- 「違い」を調べるときは、大きいほうから小さいほうをひくことを教えます。
- ひき算のなかでも、「違い」を調べる問題はイメージするのが難しいため、子どもがひき算の意味を十分理解してからていねいに教えてもよいでしょう。

ワークシート

チョコレートが　5こ　あります。
そのうち　2こ　たべました。
のこりは　なんこになりますか。

● チョコレートの　かずだけ　おはじきを　おきましょう。

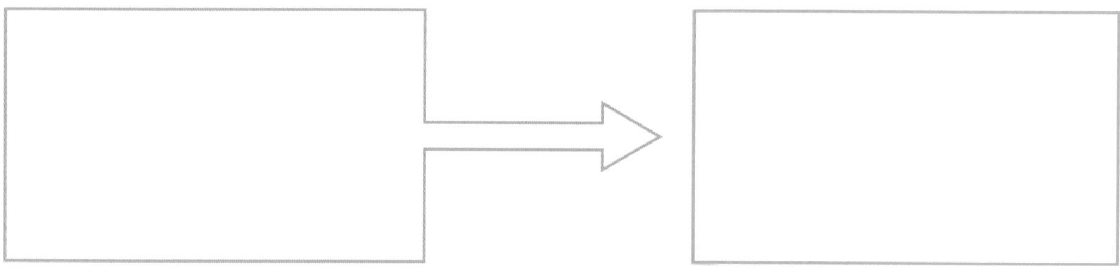

● しきにしましょう。

のこりは □ こ

ワークシート

ちょうちょが　10ぴき　とんでいます。
そのうち　2ひき
いなくなりました。　のこりは　なんびきですか。

● ちょうちょの　かずだけ　おはじきを　おきましょう。

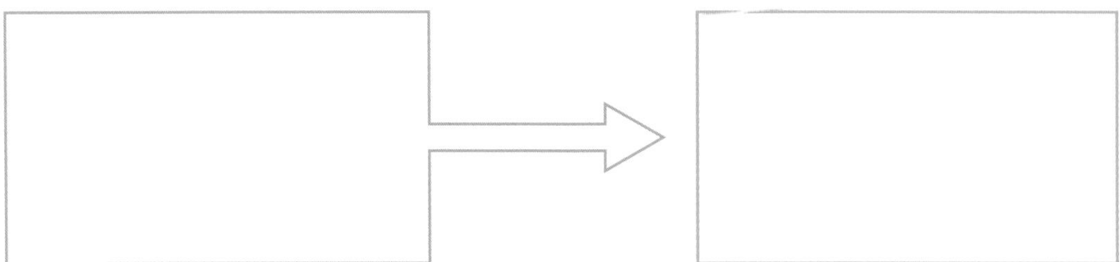

● しきにしましょう。

のこりは □ ひき

ワークシート

おまつりで　きんぎょすくいをしました。
はなこさんは　6ひき　たろうくんは　4ひき　すくいました。
ちがいは　なんびきですか。

● きんぎょの　かずだけ　おはじきを　おきましょう。

はなこさん [ ]

たろうくん [ ]

● しきにしましょう。

[ ] ー（ひく） [ ] ＝（は） [ ]

ちがいは [ ] ひき

ひきざんの　ことば

みんな　ー(ひく)　と　おなじいみ

- なくなると
- へると
- のこりは
- ちがいは

簡単なたし算・ひき算が定着していない

たとえば？
- くり上がり・くり下がりのない簡単な計算でも間違える
- たし算、ひき算の暗算が定着しない
- 指で数えてしまう　など

こんな支援を！  **こたえを確認しながらくり返し計算して定着させる**

支援の例

12 たし算・ひき算の定着

■たし算・ひき算ゲームをしよう

1 たし算・ひき算カードを準備する

先生は、たし算カード、ひき算カードをそれぞれ切り取り、式とこたえのカードに分けておく。

式のカード

教材12　たし算カード　→P.80　子どもに合わせて拡大・縮小して使用してください。破線の位置で切り取って使用してください。

1＋1	1＋5	1＋9	2＋4	2＋8
1＋2	1＋6	2＋1	2＋5	3＋1
1＋3	1＋7	2＋2	2＋6	3＋2
	＋8	2＋3	2＋7	3＋3

PDF　教材12_たし算カード

教材12　ひき算カード　→P.80　子どもに合わせて拡大・縮小して使用してください。破線の位置で切り取って使用してください。

10−1	10−5	10−9	9−4	9−8
10−2	10−6	9−1	9−5	8−1
10−3	10−7	9−2	9−6	8−2
10−4	10−8	9−3	9−7	8−3

PDF　教材12_ひき算カード

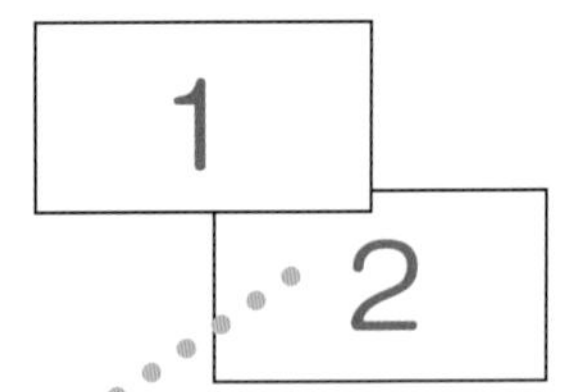

こたえのカード

2 カードをつかっていろいろな方法で計算する

例）たし算の場合：たす数、たされる数が同じ数字のカードごとに計算する

❶はじめに、たす数が1のカード（1＋1、2＋1、3＋1…）だけを集めて計算する。1の計算ができたら、たす数が2の計算、3の計算、4の計算と順番にやっていく。

❷今度は、たされる数が同じ数ごとのグループ（2＋1、2＋2、2＋3…）に分ける。数の小さいグループから順に、式のカードとこたえのカードの正しい組み合わせを見つける。ひき算も同じように行う。

Point

● はじめのうちは式のカードとこたえのカードの場所を分けて置き、慣れてきたらばらばらに置いて取り組むとよいでしょう。

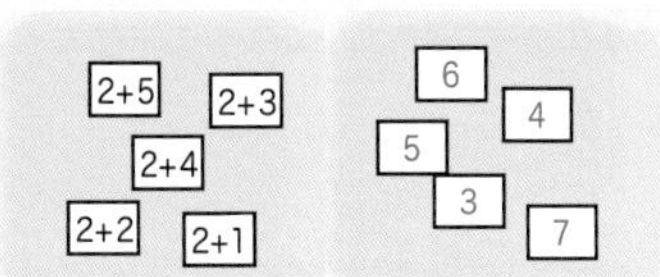

式とこたえの組み合わせを探す
式のカードすべてをばらばらに置き、こたえのカードを1枚見せる。子どもは、こたえがその数字になる式（複数ある）をすべて見つける。

ステップアップ

● 慣れてきたら、カードの枚数を増やして取り組んでもよいでしょう。

たし算カード

子どもに合わせて拡大・縮小して使用してください。
破線の位置で切り取って使用してください。

1+1	1+5	1+9	2+4	2+8
1+2	1+6	2+1	2+5	3+1
1+3	1+7	2+2	2+6	3+2
1+4	1+8	2+3	2+7	3+3

3+4	4+1	4+5	5+3	6+2
3+5	4+2	4+6	5+4	6+3
3+6	4+3	5+1	5+5	6+4
3+7	4+4	5+2	6+1	7+1

7+2
7+3
8+1
8+2

2	6	10
3	7	
4	8	
5	9	

ひき算カード

子どもに合わせて拡大・縮小して使用してください。
破線の位置で切り取って使用してください。

10－1	10－5	10－9	9－4	9－8
10－2	10－6	9－1	9－5	8－1
10－3	10－7	9－2	9－6	8－2
10－4	10－8	9－3	9－7	8－3

8−4	7−1	7−5	6−3	5−2
8−5	7−2	7−6	6−4	5−3
8−6	7−3	6−1	6−5	5−4
8−7	7−4	6−2	5−1	4−1

4−2	2−1	1	5	9
4−3		2	6	
3−1		3	7	
3−2		4	8	

「どこから数えて何番目」を間違える

たとえば？
- 5番目のもののみに色を塗る場面で、1番目から5番目までの5つすべてを塗ってしまう
- 3番目を示すとき、1番目を除いた次から数えてしまい、4番目を指してしまう　など

こんな支援を！ → ことばや数詞を対応させながら、ものの順番や位置を調べる手順を確認する

支援の例

13
13 どこから数えて何番目

数は、個数を数えることのほかに、順序を表す場合にもつかわれます。対象について「順に数詞（1、2、3など）を対応させて何番目かを確認する」「前後・左右・上下などのことばを対応させて方向を確認する」「順序数と集合数の意味の違いを理解する」ことをひとつひとつ行います。

1 先生とワークシートの絵が表す状況について話し合う

はじめに、子どもと一緒にワークシートの絵を確認し、どんなものが描かれているか、どんな場面かを話し合う。

2 「前から」「後ろから」の順番を考える

問題に取り組み、「前から」のとき、「後ろから」のときそれぞれ、数えはじめの位置を確認する。その位置から、順番を声に出して数えながら対象のものの位置を確認する。

PDF 教材13_ワークシート①

3 左右、上下の位置を考える問題にステップアップする

慣れてきたら、「右から」「左から」「上から」「下から」など、徐々にワークシートをかえて取り組み、数詞を声に出さないで何番目かを確認できるように練習する。

上下・左右などがわかりにくい場合は、あらかじめ先生が書き込んでおいてもよい

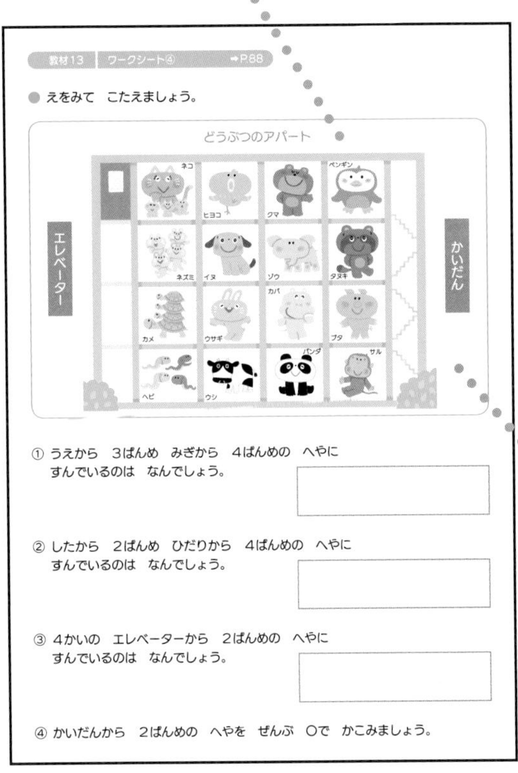

教材13 ワークシート④ ➡P.88

● えをみて こたえましょう。

① うえから 3ばんめ みぎから 4ばんめの へやに すんでいるのは なんでしょう。

② したから 2ばんめ ひだりから 4ばんめの へやに すんでいるのは なんでしょう。

③ 4かいの エレベーターから 2ばんめの へやに すんでいるのは なんでしょう。

④ かいだんから 2ばんめの へやを ぜんぶ ○で かこみましょう。

PDF 教材13_ワークシート④

慣れてきたら、数詞を声に出さずに数えさせる

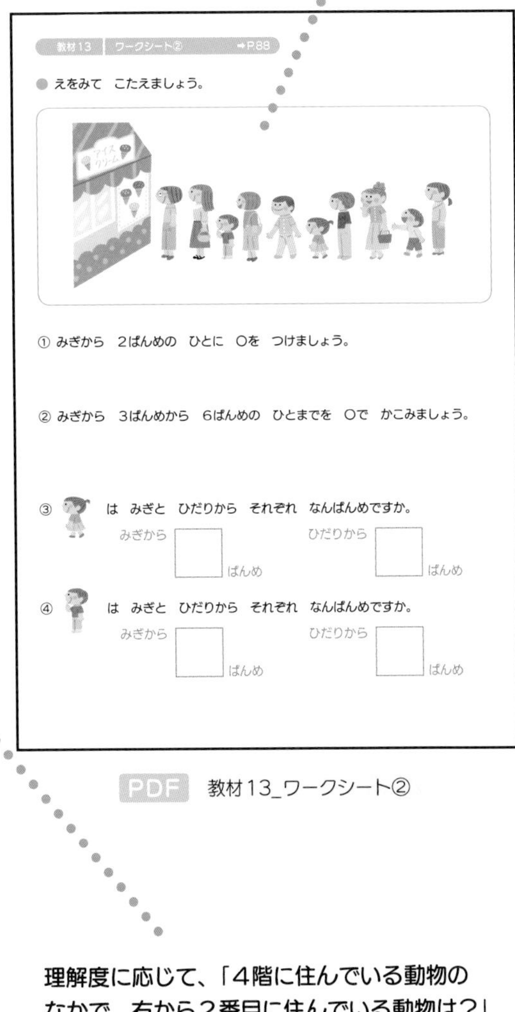

教材13 ワークシート② ➡P.88

● えをみて こたえましょう。

① みぎから 2ばんめの ひとに ○を つけましょう。

② みぎから 3ばんめから 6ばんめの ひとまでを ○で かこみましょう。

③ は みぎと ひだりから それぞれ なんばんめですか。
みぎから □ばんめ ひだりから □ばんめ

④ は みぎと ひだりから それぞれ なんばんめですか。
みぎから □ばんめ ひだりから □ばんめ

PDF 教材13_ワークシート②

理解度に応じて、「4階に住んでいる動物のなかで、右から2番目に住んでいる動物は?」などと、横だけの条件で発問してもよい

Point

● 好きなものや知っている場面など、子どもが興味を持ちそうなストーリーをつくって発問すると、より学習へのモチベーションをあげることができます。

ワークシート

● えをみて　こたえましょう。

① まえから　3ばんめと　7ばんめの　ペンギンに　○を　つけましょう。

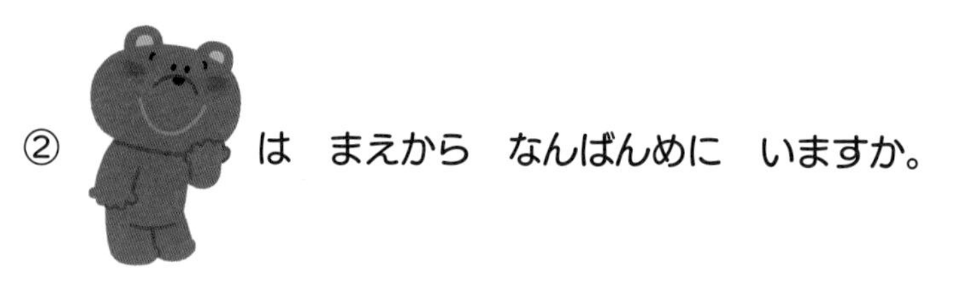

② は　まえから　なんばんめに　いますか。

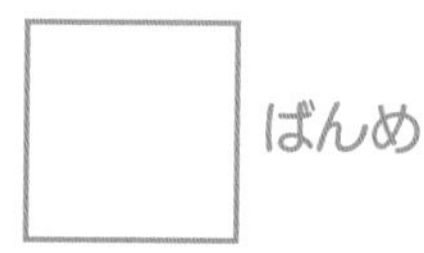

ばんめ

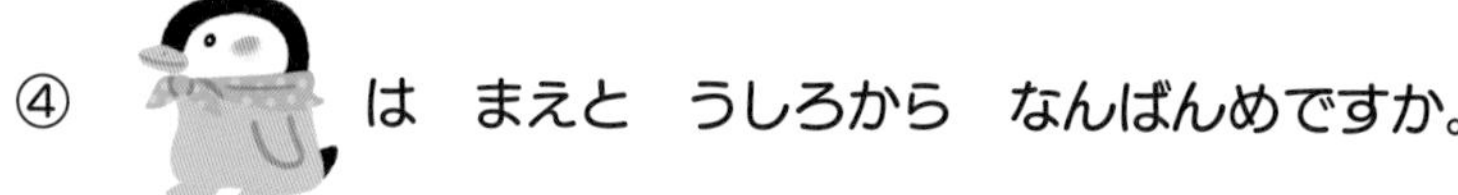

③ は　うしろから　なんばんめに　いますか。

ばんめ

④ は　まえと　うしろから　なんばんめですか。

まえから　ばんめ　うしろから　ばんめ

ワークシート

● えをみて　こたえましょう。

① みぎから　2ばんめの　ひとに　○を　つけましょう。

② みぎから　3ばんめから　6ばんめの　ひとまでを　○で　かこみましょう。

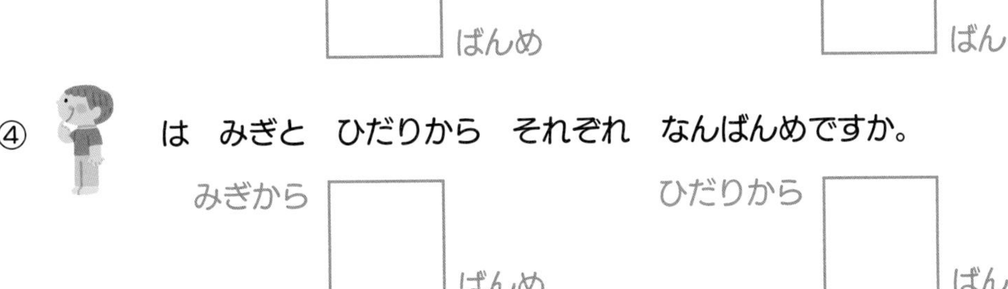

③ は　みぎと　ひだりから　それぞれ　なんばんめですか。

みぎから □ ばんめ　　ひだりから □ ばんめ

④ は　みぎと　ひだりから　それぞれ　なんばんめですか。

みぎから □ ばんめ　　ひだりから □ ばんめ

ワークシート

● えをみて　こたえましょう。

① したから　2だんめ　みぎから　2ばんめの　ケーキに　○を　つけましょう。

② したの　だんの　ひだりから　1ばんめの　ケーキに　△を　つけましょう。

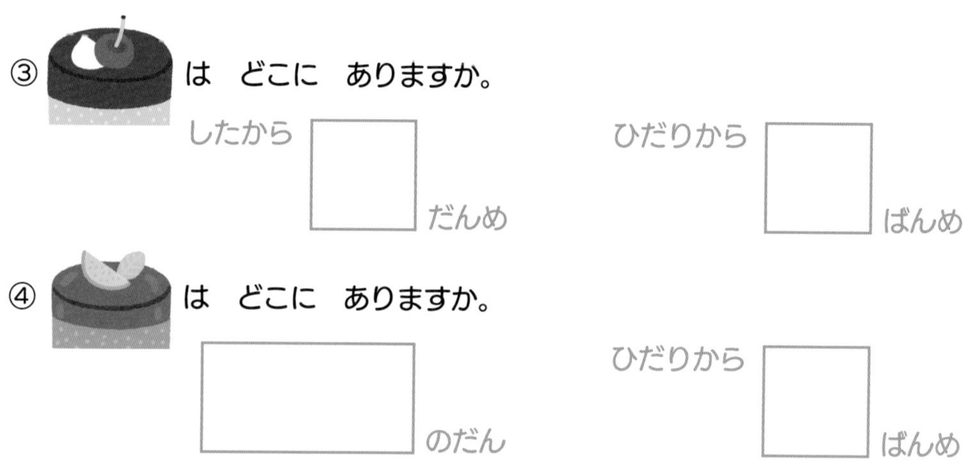

③ は　どこに　ありますか。

したから □ だんめ　　ひだりから □ ばんめ

④ は　どこに　ありますか。

□ のだん　　ひだりから □ ばんめ

ワークシート

● えをみて　こたえましょう。

① うえから　3ばんめ　みぎから　4ばんめの　へやに
すんでいるのは　なんでしょう。

② したから　2ばんめ　ひだりから　4ばんめの　へやに
すんでいるのは　なんでしょう。

③ 4かいの　エレベーターから　2ばんめの　へやに
すんでいるのは　なんでしょう。

④ かいだんから　2ばんめの　へやを　ぜんぶ　○で　かこみましょう。

くり上がりのあるたし算が難しい

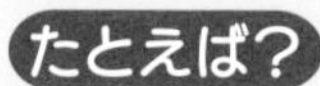

たとえば？
- 計算の意味を理解しておらず、こたえを出すのに時間がかかる
- 指をつかわないと計算できない　など

こんな支援を！

「10をつくること」「たす数を分解すること」を透明のドットカードを操作しながら確認する

支援の例

14 くり上がりのあるたし算

「10をつくること」「たす数を分解すること」を確認しながら、くり上がりのある計算のしかたを、ドットカードを操作して学んでいきます。

■カードをつかってたし算をしよう

1 透明のドットカードを並べる

赤と青のシールをそれぞれ1から9枚貼った透明のドットカード（62ページ「10の合成・分解に時間がかかる」と同じもの）を、それぞれ上下に並べる。

青1から9

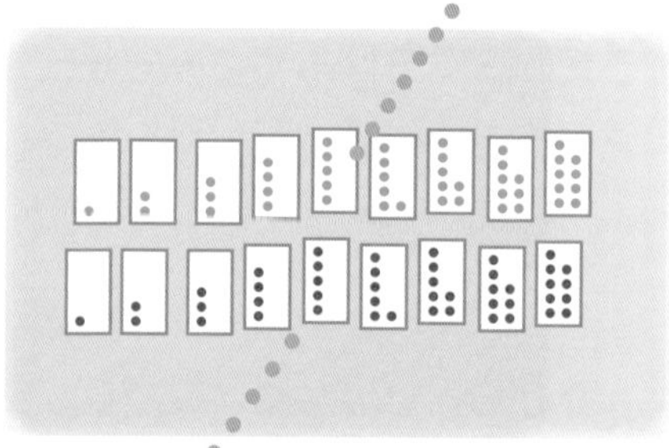

赤1から9

2 10の補数の組み合わせを確認する

はじめに、ウォーミングアップとして、先生が10の補数の組み合わせをすべて言い、子どもは先生の言ったドットカードを探し、10になることを重ねて確認する。

10になるよう重ねて組み合わせを確認する

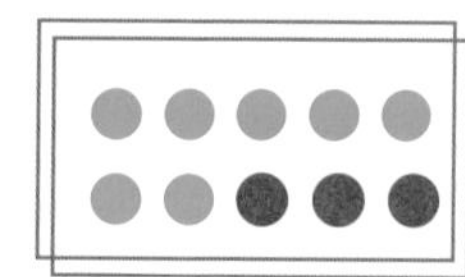

3 カードをつかって計算をする

次に、先生がたし算の式を提示し、子どもはその数字のドットカードを取り出す。

例）先生が提示した式が〈7＋5〉の場合

❶青カード7と赤カード5を取り出して並べ、2でしたように、青カードにいくつたせば10になるかを考え、赤カードを重ねて10をつくる。

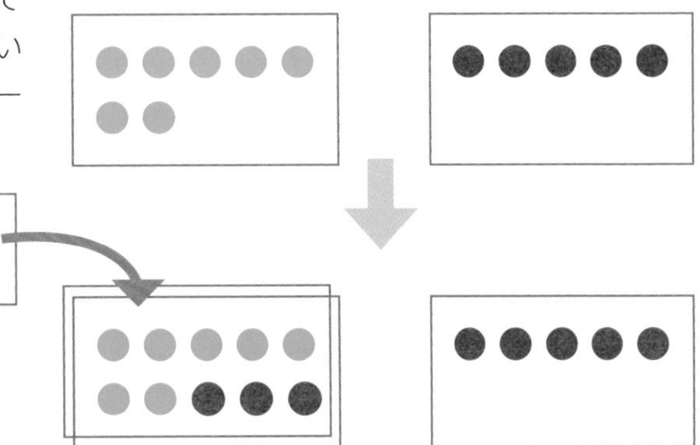

❷必要な赤の数は3だったので、赤5のドットカードからドット3つが移動したと考え、その3つを手で隠す。そうすることで、10のかたまりと2となり、7＋5＝10＋2でこたえは12になる。移動した赤ドットの数を手で隠さなくても計算できるようになるまで、くり返し練習する。

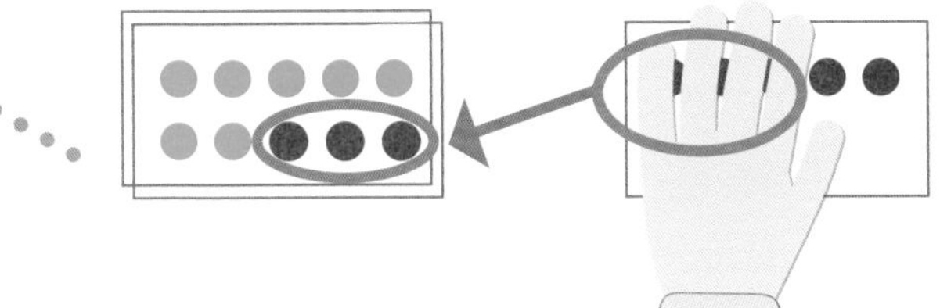

4 ワークシートに取り組む

ドットカードでの計算がスムーズにできるようになったら、ワークシートに取り組む。はじめはワークシートを見ながら問題にある数を実際にカードで操作して計算し、慣れてきたらワークシートのドットカードの図をつかい、重ねる分を線で消して計算する。

留意点

- 「10の補数がわかっているか」「数字を分解することができているか」を確認しながら進めることが大切です。ここでつまずいているようであれば、10の合成・分解（62ページ参照）をもう一度確認しましょう。

ワークシート

● カードをつかって　たしざんをしましょう。

① 4 ＋ 6 ＝ ＿＿＿＿

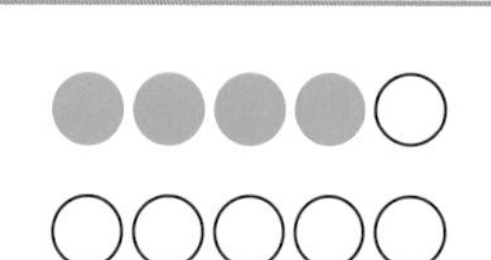
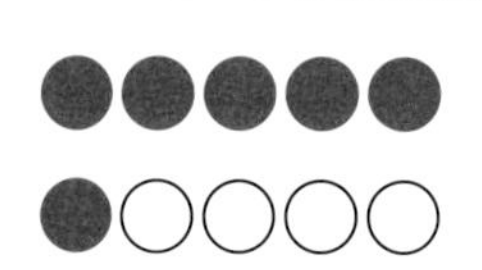

② 4 ＋ 8 ＝ ＿＿＿＿

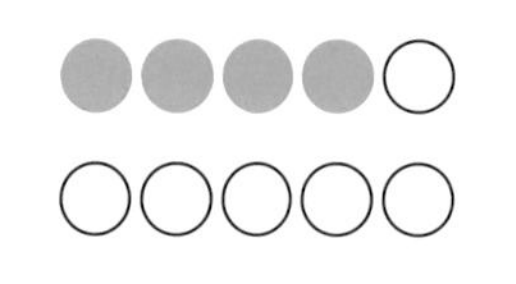
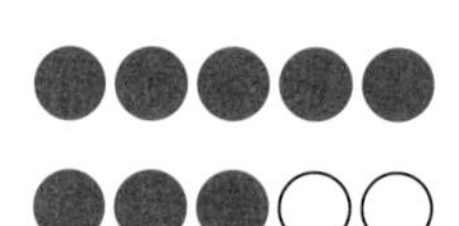

③ 4 ＋ 9 ＝ ＿＿＿＿

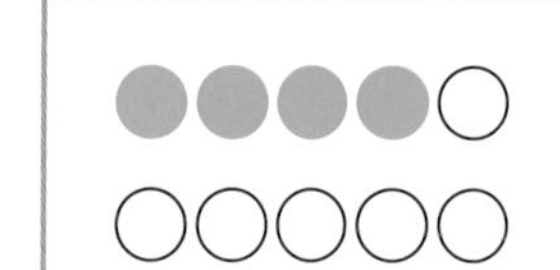

④ 4 ＋ 7 ＝ ＿＿＿＿

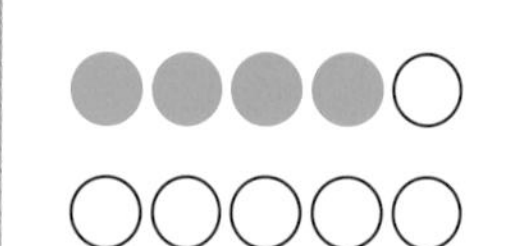
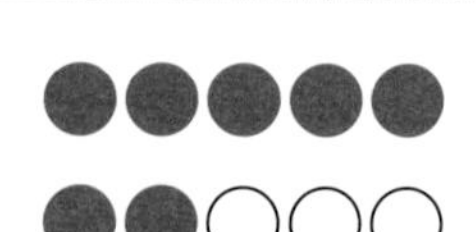

ワークシート

● カードをつかって　たしざんをしましょう。

① 5 ＋ 8 ＝ ＿＿＿＿

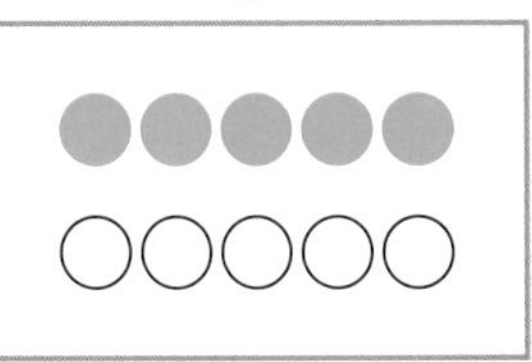

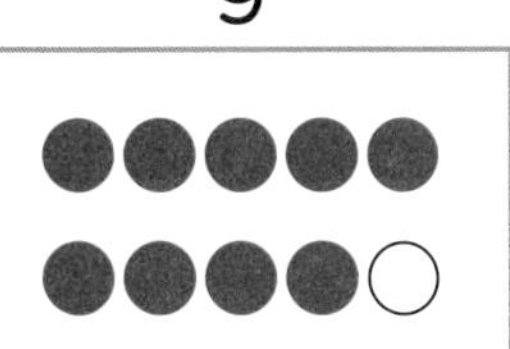

② 5 ＋ 9 ＝ ＿＿＿＿

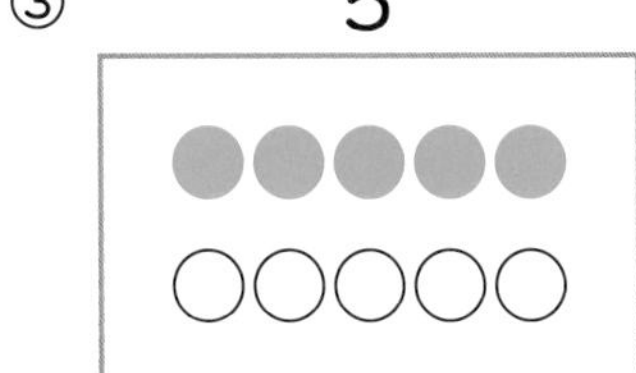

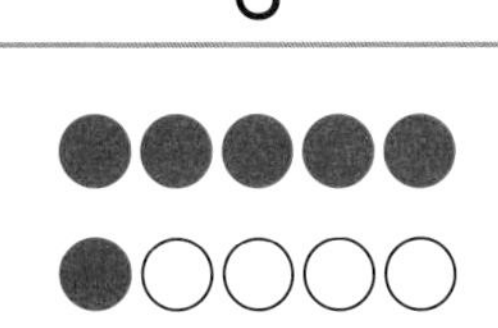

③ 5 ＋ 6 ＝ ＿＿＿＿

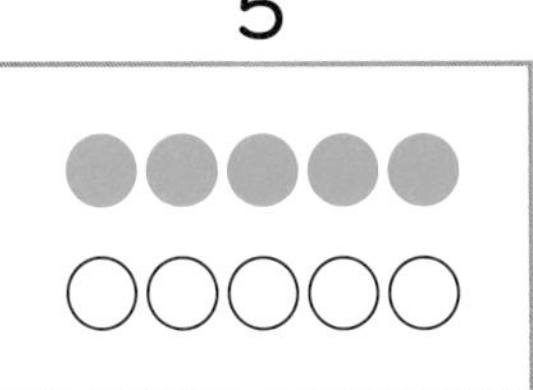

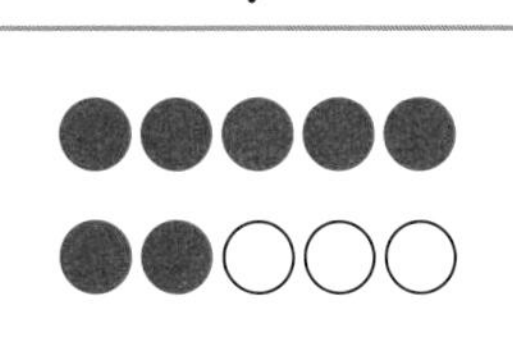

④ 5 ＋ 7 ＝ ＿＿＿＿

ワークシート

● カードをつかって　たしざんをしましょう。

① 7 ＋ 5 ＝ ＿＿＿＿

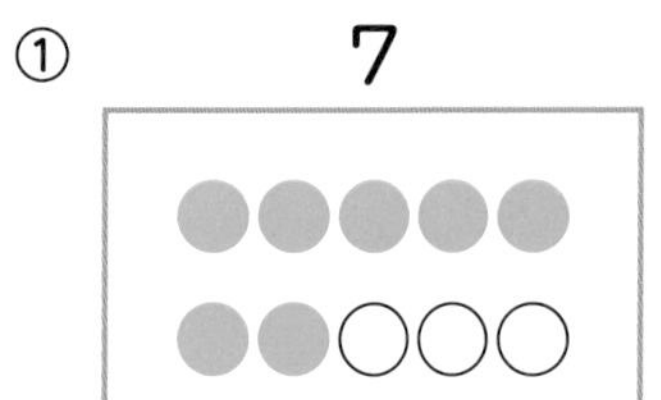

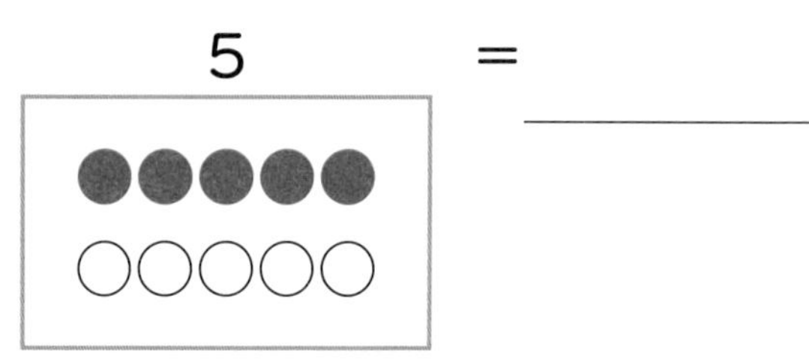

② 7 ＋ 8 ＝ ＿＿＿＿

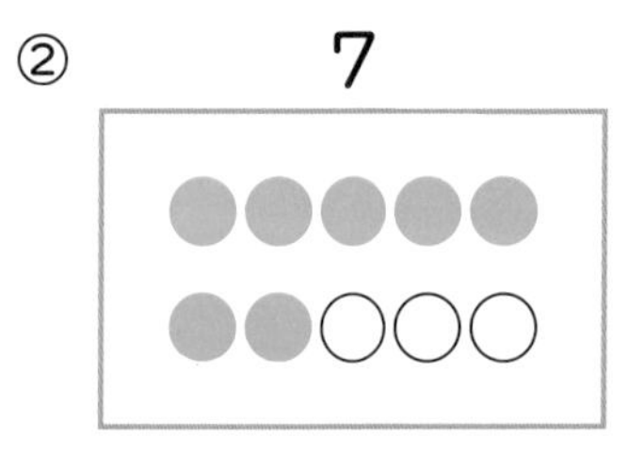

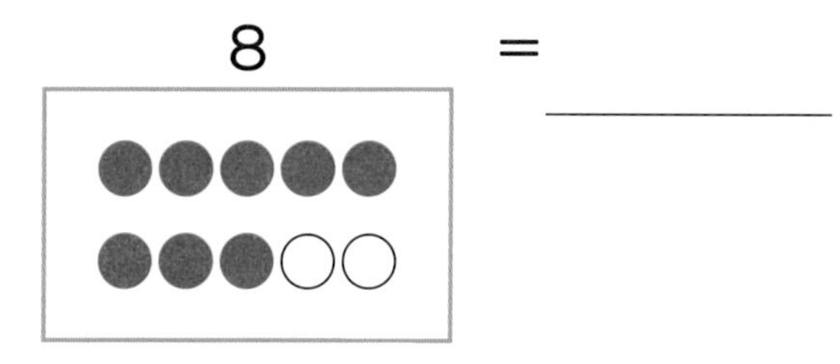

③ 7 ＋ 7 ＝ ＿＿＿＿

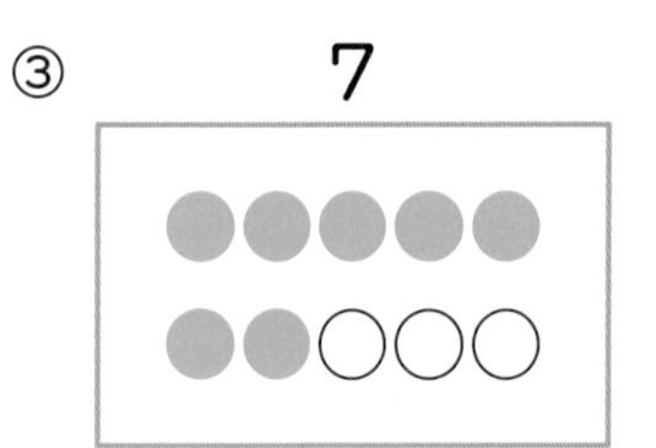

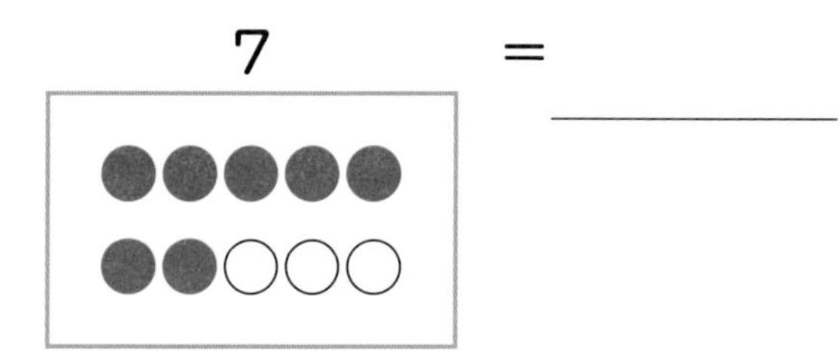

④ 7 ＋ 6 ＝ ＿＿＿＿

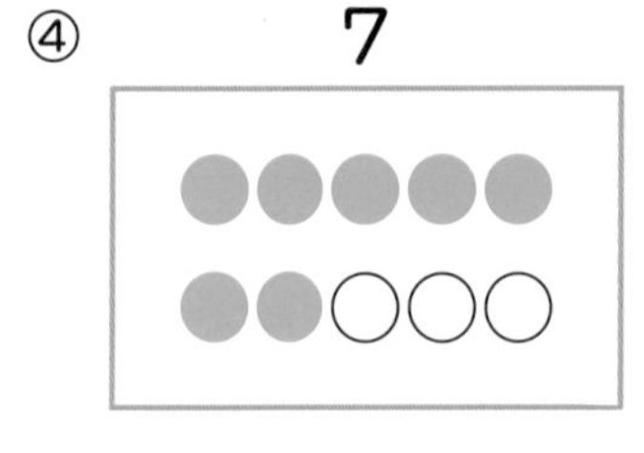

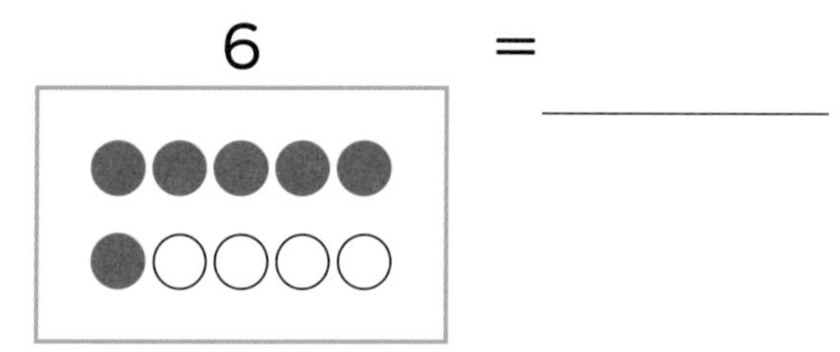

ワークシート

● カードをつかって　たしざんをしましょう。

① 9 ＋ 7 ＝ ＿＿＿＿

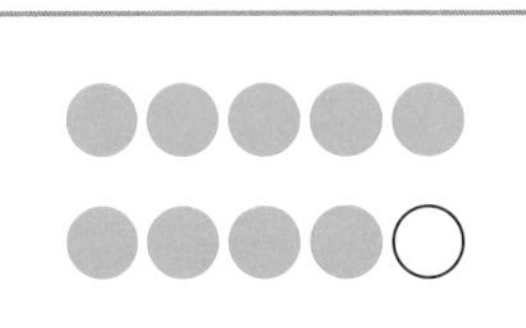
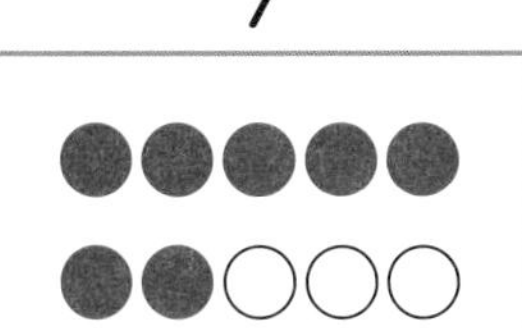
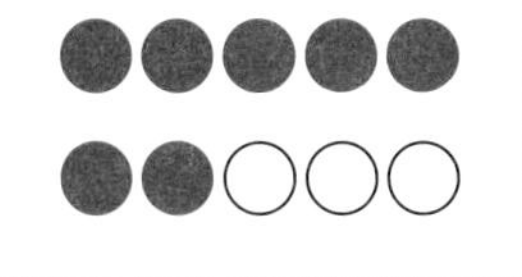

② 9 ＋ 4 ＝ ＿＿＿＿

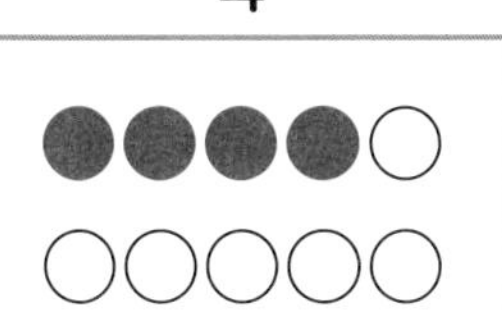

③ 9 ＋ 5 ＝ ＿＿＿＿

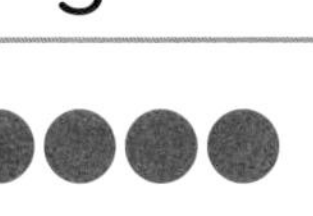

④ 9 ＋ 6 ＝ ＿＿＿＿

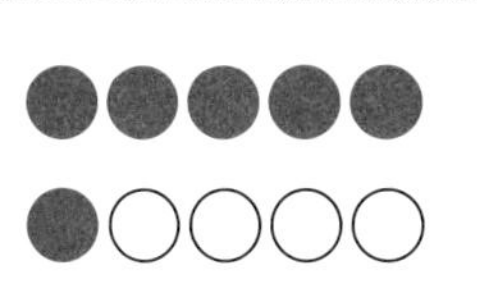

くり下がりのあるひき算が難しい（減加法）①

たとえば？ 12 −4では「2から4はひけないので計算できない」と考えてしまう　など

こんな支援を！  透明のドットカードで減加法のしくみを確認し、くり下がりのある計算のしかたを身につける

支援の例

15 くり下がりのある ひき算_減加法①

くり下がりのあるひき算を、減加法の考え方（例：12 − 4 =（10 − 4）+ 2）をつかって解くことができるように教えていきます。

■カードをつかってひき算をしよう

1 透明のドットカードを並べる

赤と青のシールをそれぞれ1から10枚貼った透明のドットカード（62ページ「10の合成・分解に時間がかかる」と同じもの）を、それぞれ上下に並べる。

青１から10

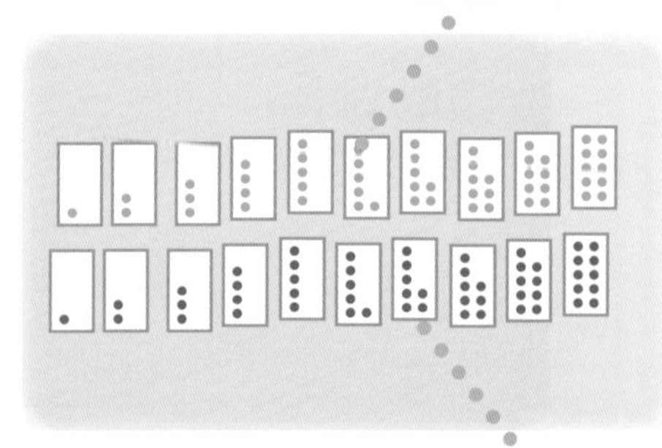

赤１から10

2 カードをつかって計算をする

次に、先生がひき算の式を提示し、子どもはその数字のドットカードを取り出す。

例）先生が提示した式が〈15－8〉の場合

❶青カードの10と5、赤カードの８を取り出し左右に並べる。

  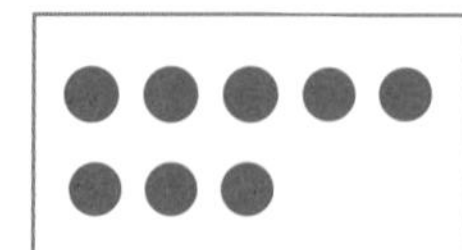

❷15は10と5に分けて考え、はじめに10から8をひくために、青10のドットカードの上に赤8のドットカードを重ねる。

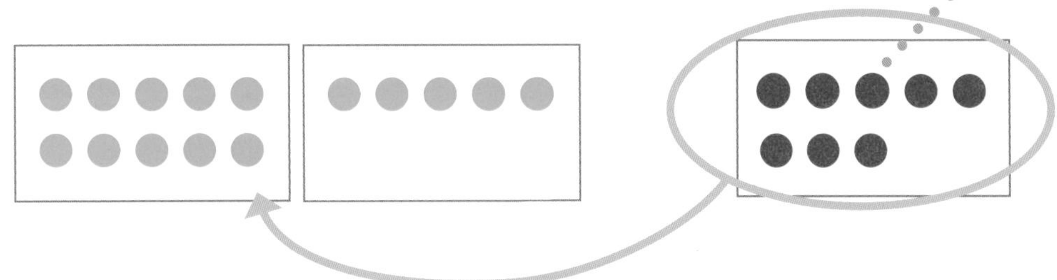

❸赤8のドットカードを重ねると、青のドットは10－8＝2で、残っている青のドットの数は2となる。青のドットの数をすべて合わせると2＋5で7になるので、15－8のこたえは7となる。カードを移動させなくても計算できるようになるまで、くり返し練習する。

3 ワークシートに取り組む

ドットカードでの計算が理解できたら、ワークシートに取り組む。はじめはワークシートを見ながら問題にある数を実際にカードで操作して計算し、慣れてきたらワークシートのドットカードの図を見て、重ねる分を線で消して計算する。

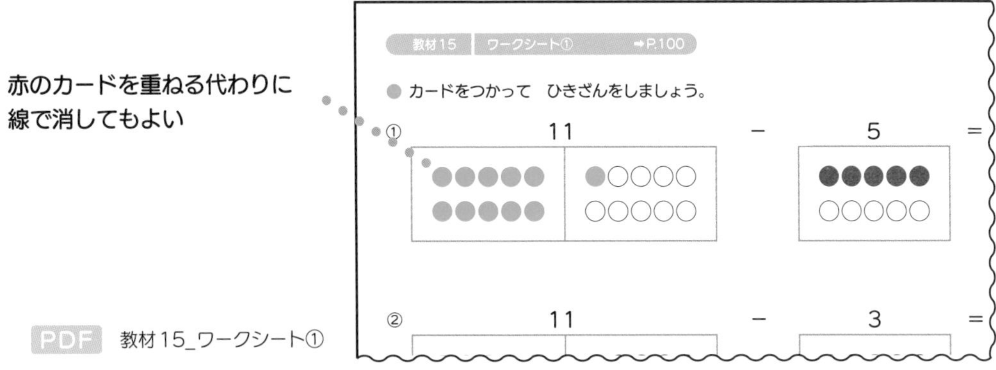

PDF 教材15_ワークシート①

Point

- 先生が、計算の手順をひとつひとつ伝えて確認しながら子ども自身に操作させていきます。

ワークシート

● カードをつかって　ひきざんをしましょう。

① 11 － 5 ＝ ＿＿＿＿

② 11 － 3 ＝ ＿＿＿＿

③ 11 － 6 ＝ ＿＿＿＿

ワークシート

● カードをつかって　ひきざんをしましょう。

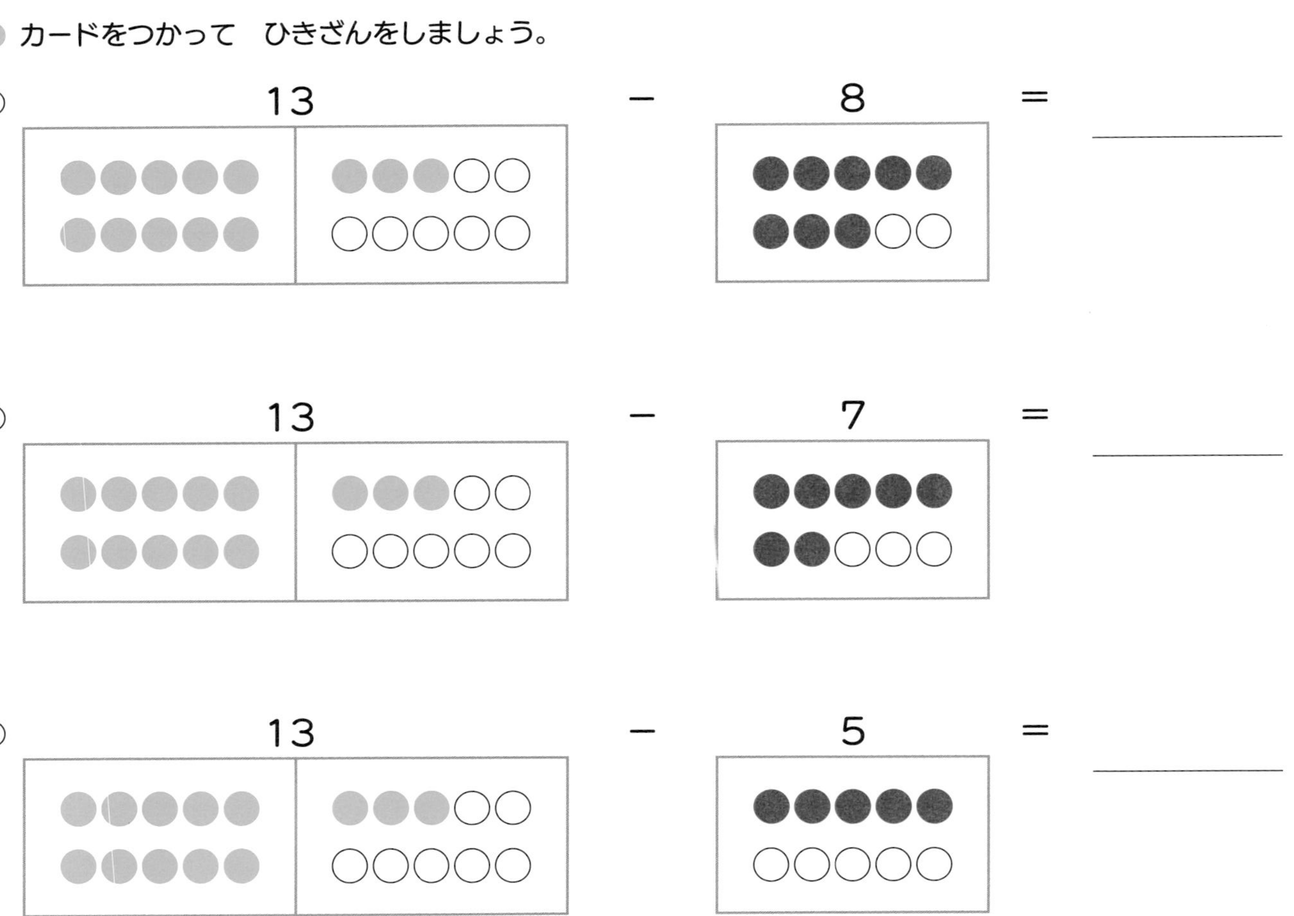

① 13 － 8 ＝ ＿＿＿

② 13 － 7 ＝ ＿＿＿

③ 13 － 5 ＝ ＿＿＿

ワークシート

● カードをつかって　ひきざんをしましょう。

① 15 − 6 ＝ ＿＿＿＿

② 15 − 7 ＝ ＿＿＿＿

③ 15 − 8 ＝ ＿＿＿＿

ワークシート

● カードをつかって　ひきざんをしましょう。

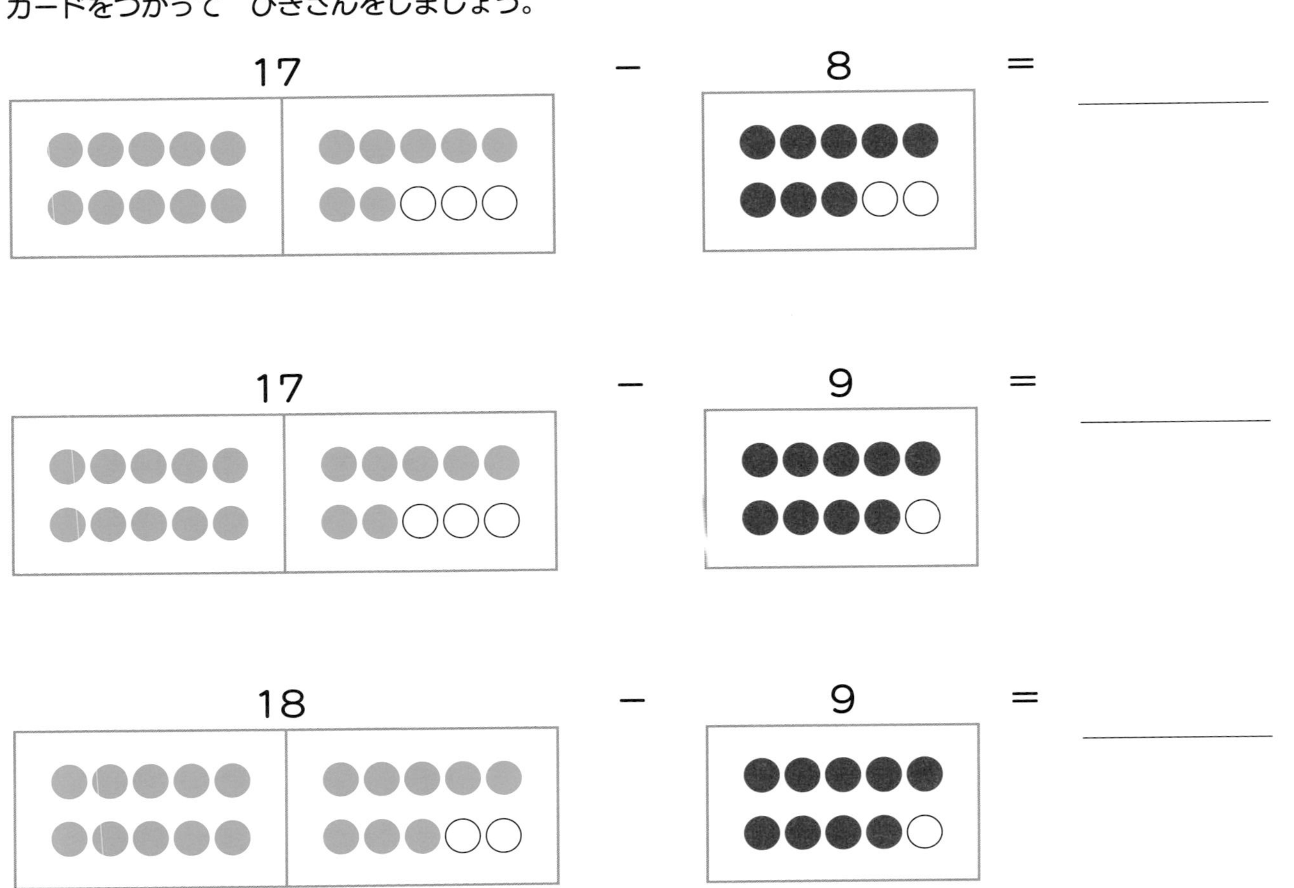

くり下がりのあるひき算が難しい（減加法）②

たとえば？
- 計算の意味を理解しておらず、こたえを出すのに時間がかかる
- 指をつかって数えている　など

こんな支援を！ → 数字を分解しながら減加法のしくみを確認し、くり下がりのある計算のしかたを身につける

支援の例

16 くり下がりのある
ひき算_減加法②

くり下がりのあるひき算を、減加法の考え方（例：12－4＝（10－4）＋2）をつかって解くことができるように教えていきます。

1 先生とワークシートを確認する

先生と一緒にワークシートを見て、ひき算の式、ひかれる数を分解する枠、ドットカードの図を確認する。

ひき算の式

ひかれる数を分解する枠。
左の枠には 10 と書いてある

ひかれる数の下に
ドットカードの図

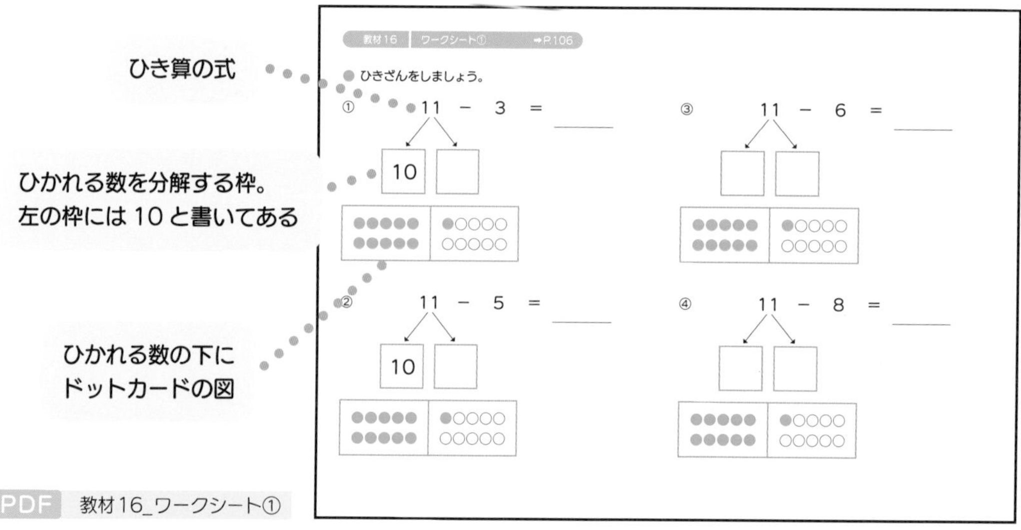

PDF 教材16_ワークシート①

2 ひかれる数を分解する

はじめに、ひかれる数「11」を10と1に分解する。慣れるまでは、あらかじめ片方の枠に10が書き込まれている式で練習する。

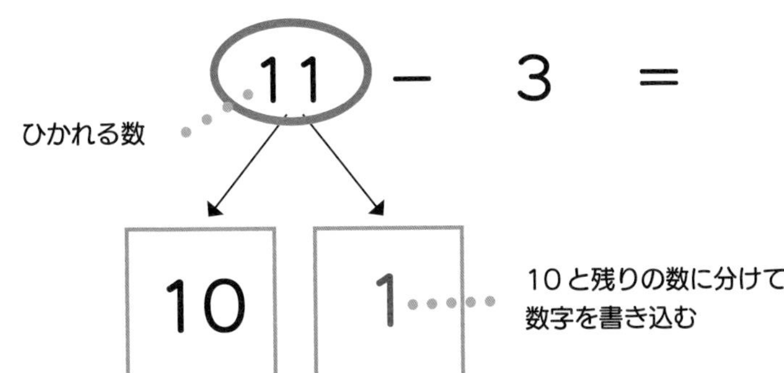

3 10のかたまりからひく数の分だけドットを消す

❶次に、分けた10のかたまりから「3」をひくために、10のドットカードの図のうち3つを線で消す。残った青のドットの数をすべて合わせると7+1で8になるので、11−3のこたえは8となる。

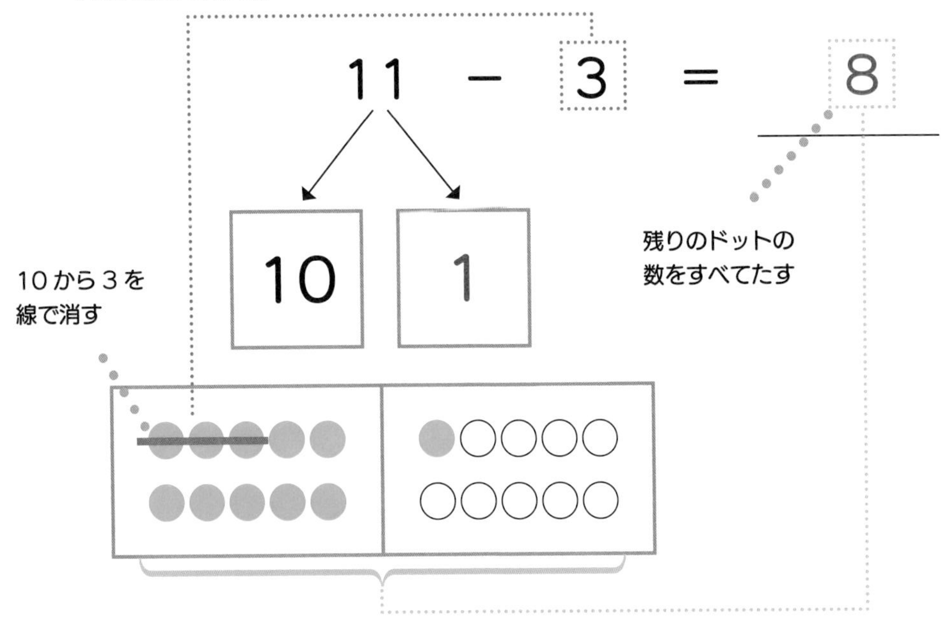

❷計算のしかたが理解できたら、ひかれる数を分解する枠やドットカードの図をつかわずに計算する。

留意点

● くり下がりのあるひき算では、減加法と減減法（112ページ参照）の2つの計算方法があります。その子ども自身がやりやすいほうの計算法を選ぶとよいでしょう。

ワークシート

● ひきざんをしましょう。

① 11 − 3 = ＿＿＿

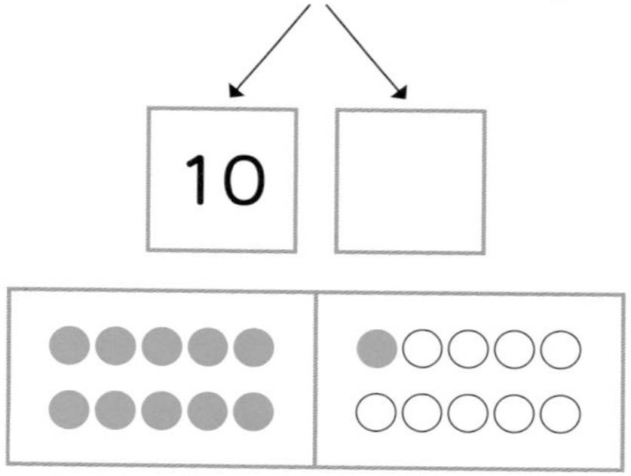

10 □

② 11 − 5 = ＿＿＿

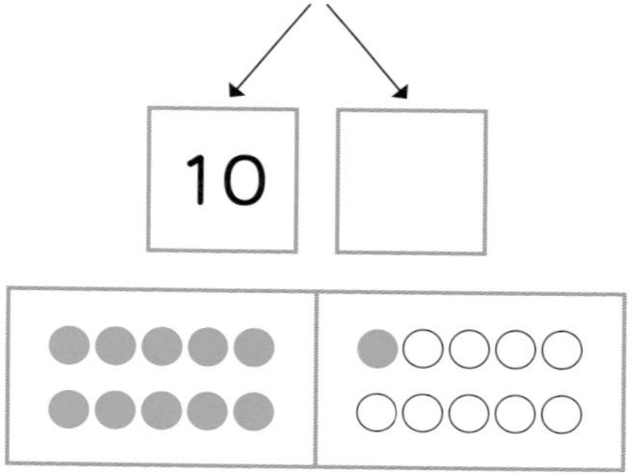

10 □

③ 11 − 6 = ＿＿＿

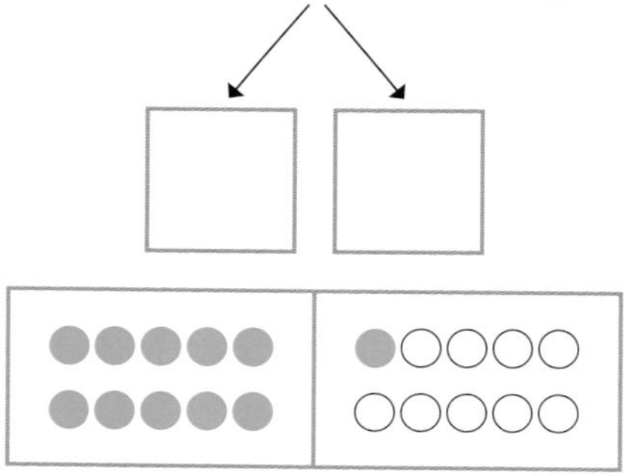

□ □

④ 11 − 8 = ＿＿＿

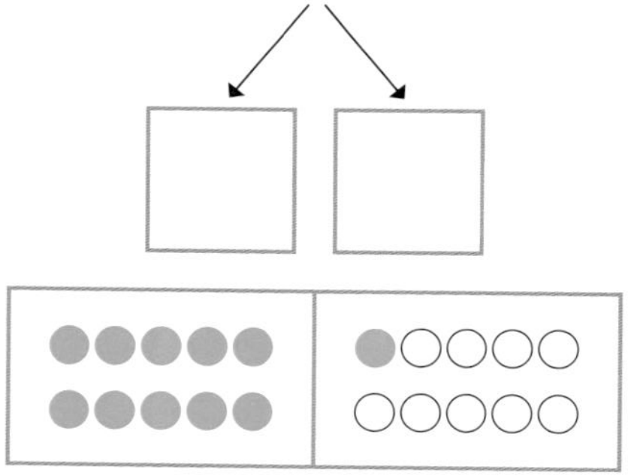

□ □

ワークシート

● ひきざんをしましょう。

① 13 － 6 ＝ ＿＿＿＿

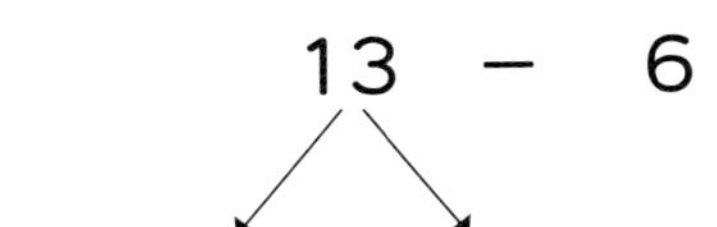
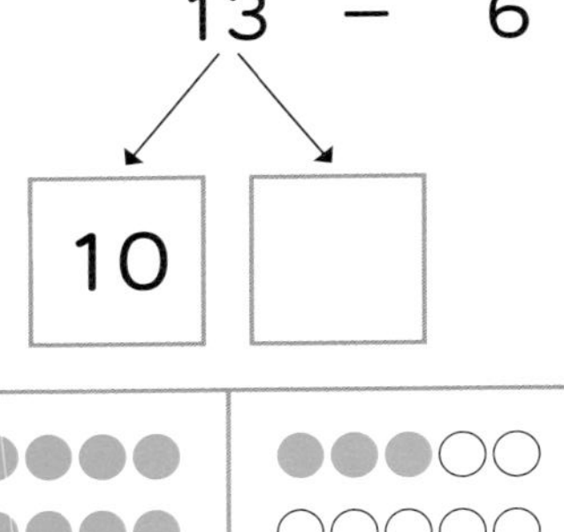

10

② 13 － 4 ＝ ＿＿＿＿

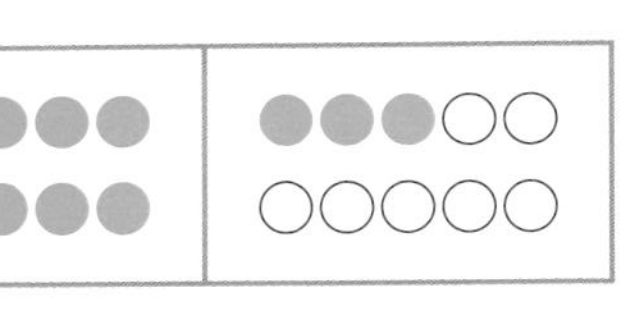
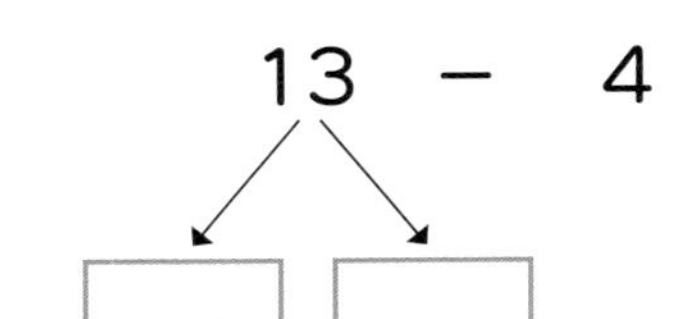
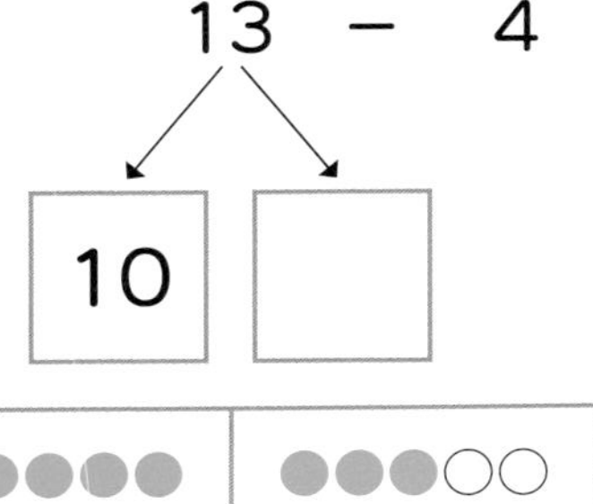

10

③ 13 － 7 ＝ ＿＿＿＿

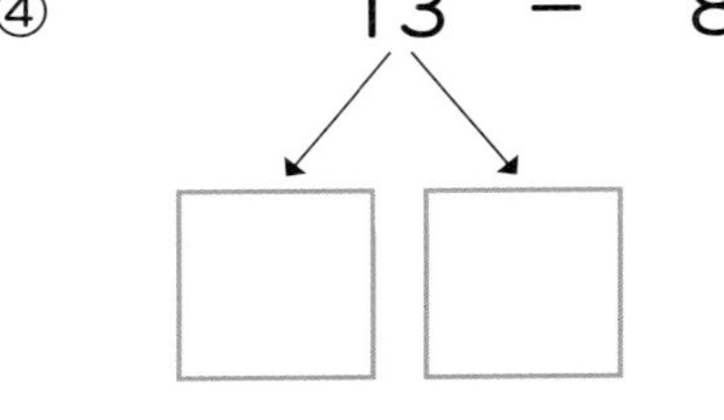
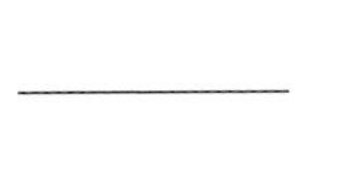
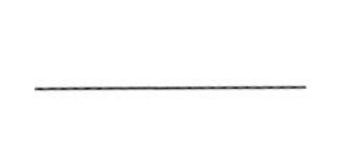
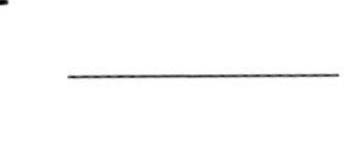

④ 13 － 8 ＝ ＿＿＿＿

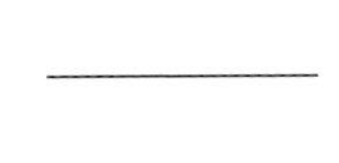

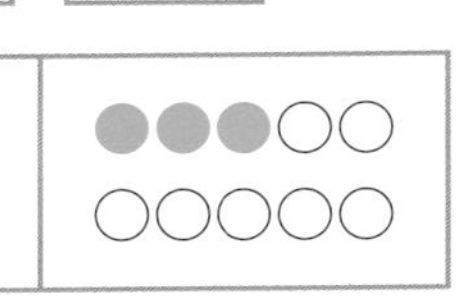

ワークシート

● ひきざんをしましょう。

① $14 - 9 =$ ＿＿＿

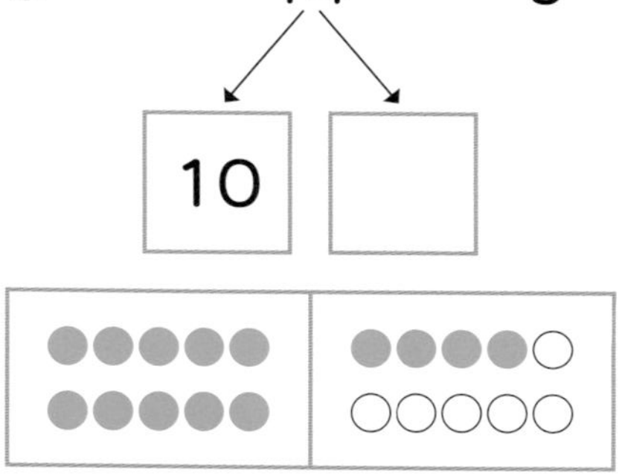

10

② $14 - 6 =$ ＿＿＿

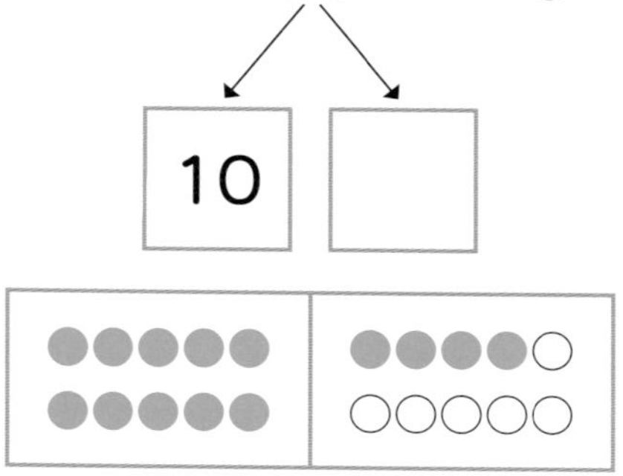

10

③ $14 - 7 =$ ＿＿＿

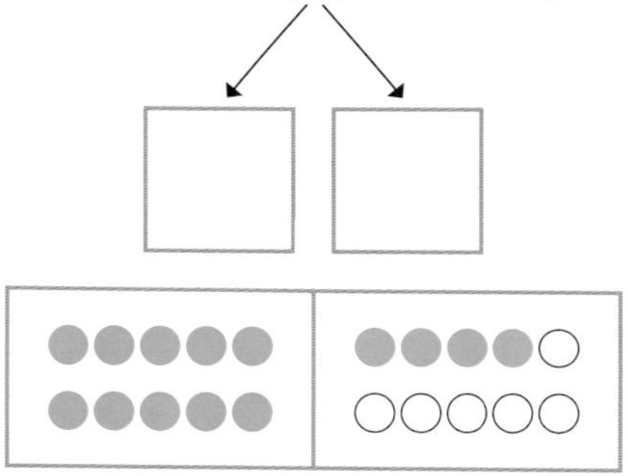

④ $14 - 5 =$ ＿＿＿

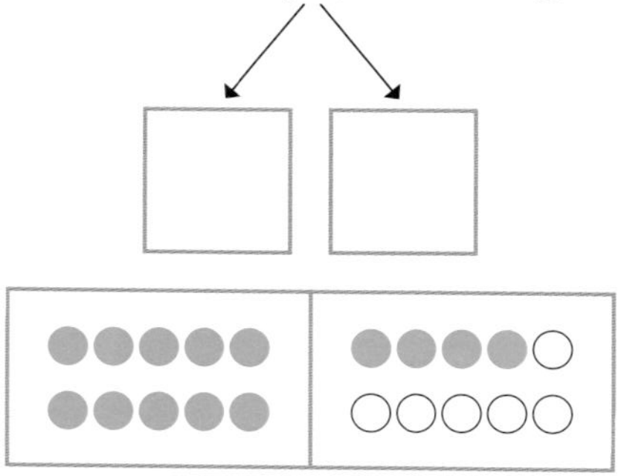

ワークシート

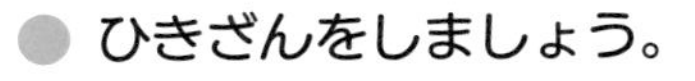

● ひきざんをしましょう。

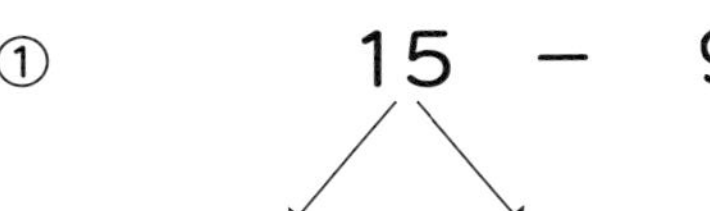

① 15 − 9 = ＿＿＿＿

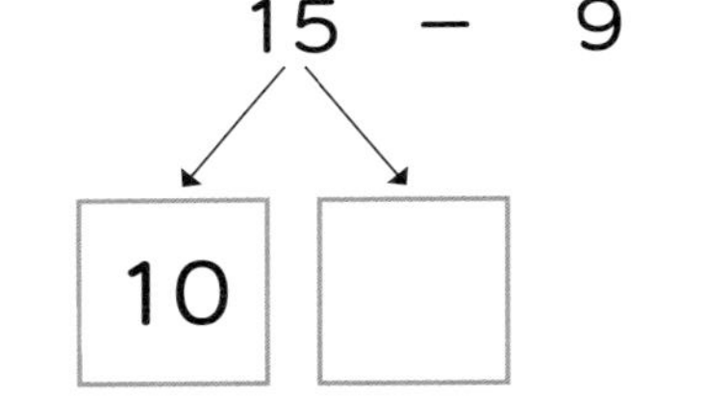

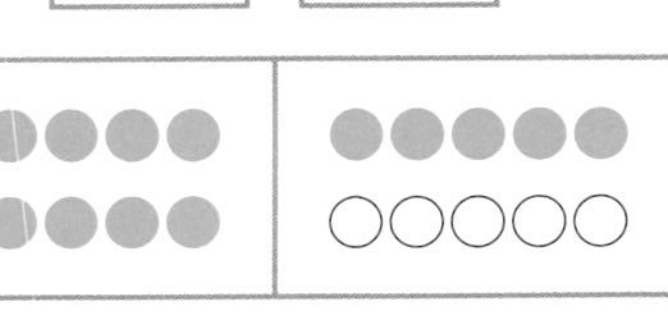

② 15 − 7 = ＿＿＿＿

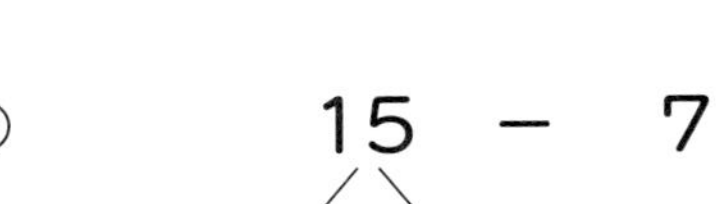

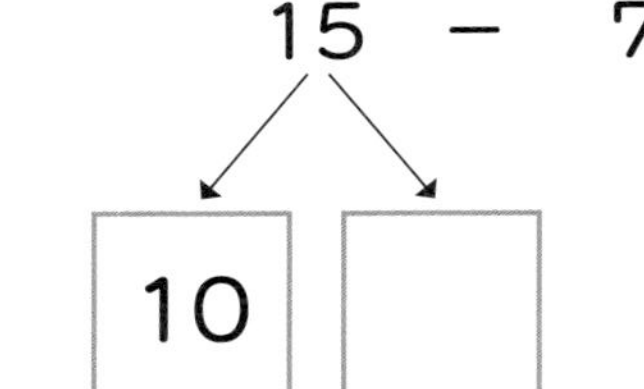

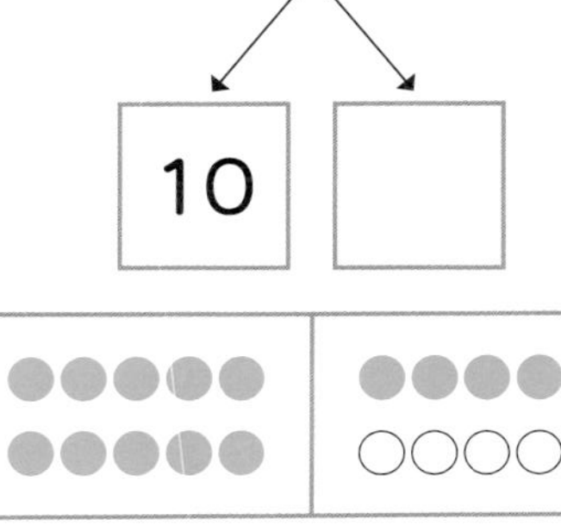

③ 15 − 8 = ＿＿＿＿

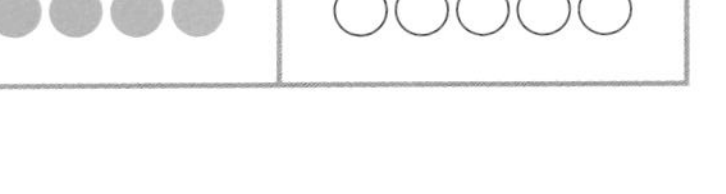

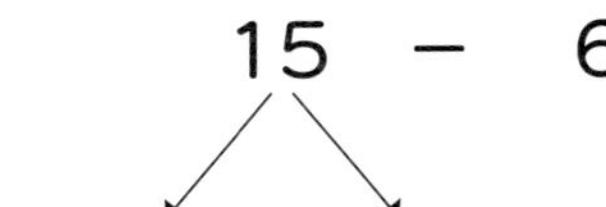

④ 15 − 6 = ＿＿＿＿

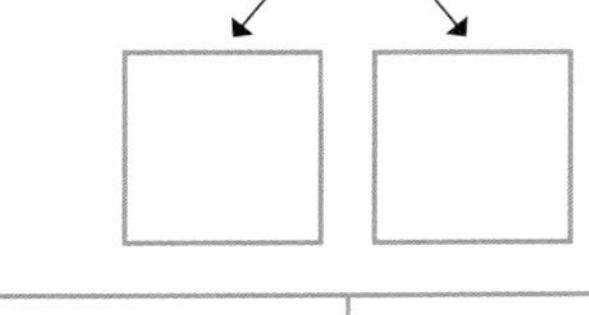

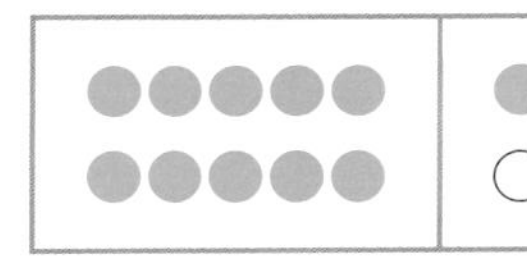

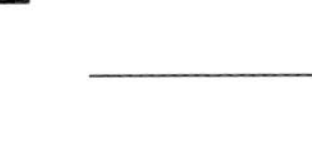

くり下がりのあるひき算が難しい（減減法）①

たとえば？ ◉ 12 −4の場合「2から4はひけないので計算できない」と言ってしまう　など

こんな支援を! ➡ **ドットカードで減減法のしくみを確認し、くり下がりのある計算のしかたを身につける**

支援の例

17 くり下がりのある ひき算_減減法①

くり下がりのあるひき算を、減減法の考え方（例：12 − 4 = （12 − 2） − 2）をつかって解くことができるように教えていきます。

■カードをつかってひき算をしよう

1 計算につかうドットを切り取る

先生は、計算シートの右端にある白いドットカードを切り取る。

2 計算シートにドットを並べて計算する

先生がひき算の式を提示する。

例）先生が提示した式が〈15 − 8〉の場合

❶15 − 8 の計算をするために、15は10個と5個の青のドットカード（42ページ〈教材05〉を使用する）を左側の枠に、8は8個の白いドットを右側の枠に並べる。

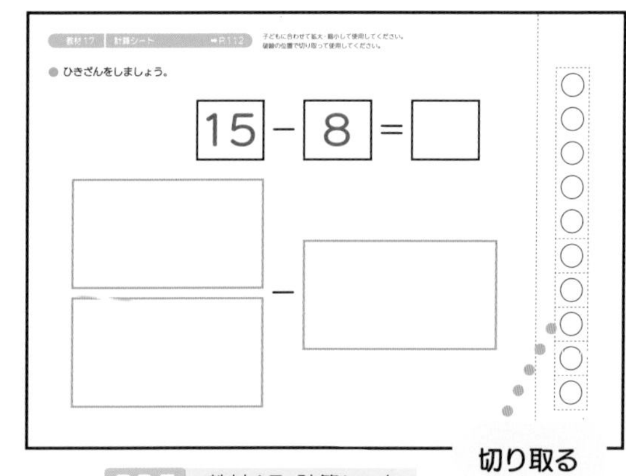

PDF 教材17_計算シート

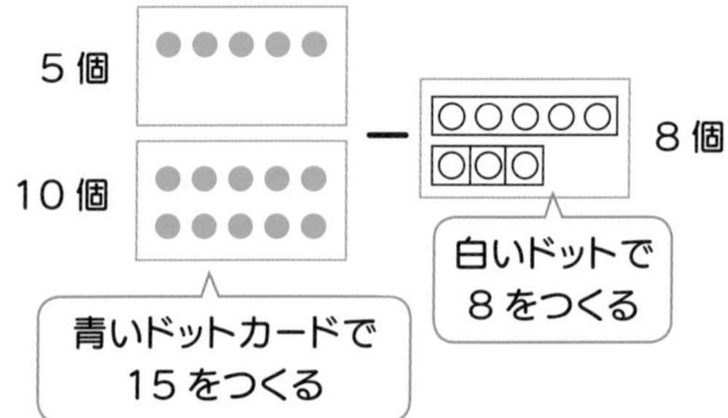

❷15から5をひくために、右側の枠の白いドット8個を5個と3個に分け、5個を上のドットカードの青いドットの上に乗せる。青いドットは10個残っているので、15－5で10になる。

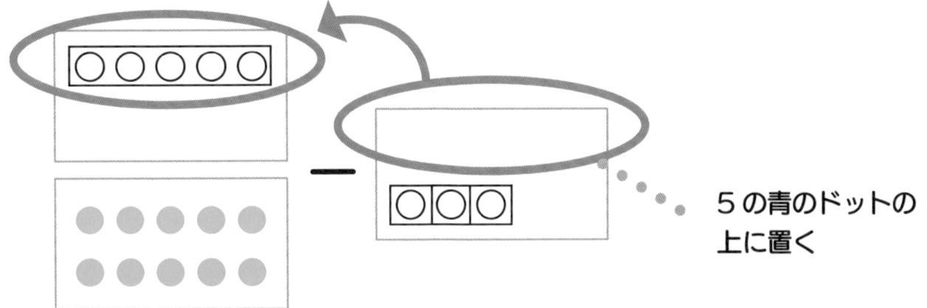

❸次に、右側の枠に残っている3をひかなければならないので、下にある10個の青いドットの上に残りの白いドットを1つずつ乗せる。10－3で残っている青のドットの数は7個になるので、15－8のこたえは7となる。

❹計算シートをつかってドットを移動させ、計算の手順を確認しながらワークシートの問題に取り組む。

Point

- 計算の流れは、先生がひとつひとつの手順を言って確認させながら、子どもに操作させていき、ひく数の分解のしかたと10の分解をていねいに確認しながら進めます。
- 不器用でドットが操作しにくい子どもの場合は、台紙を拡大してオセロの駒などで行ってもよいでしょう。

計算シート

子どもに合わせて拡大・縮小して使用してください。
破線の位置で切り取って使用してください。

● ひきざんをしましょう。

□ − □ ＝ □

ワークシート

● ひきざんをしましょう。

① 11 − 5 =

② 12 − 4 =

③ 13 − 6 =

④ 14 − 5 =

⑤ 11 − 2 =

⑥ 12 − 6 =

⑦ 13 − 4 =

⑧ 15 − 8 =

ワークシート

● ひきざんをしましょう。

① 12－3＝

② 15－7＝

③ 11－4＝

④ 16－7＝

⑤ 12－5＝

⑥ 14－6＝

⑦ 17－8＝

⑧ 13－8＝

ワークシート

● ひきざんをしましょう。

① 11 − 3 =

② 12 − 7 =

③ 14 − 8 =

④ 15 − 6 =

⑤ 11 − 7 =

⑥ 13 − 5 =

⑦ 15 − 9 =

⑧ 17 − 9 =

くり下がりのあるひき算が難しい（減減法）②

たとえば？
- 計算の意味を理解しておらず、こたえを出すのに時間がかかる
- 指をつかって数えている　など

こんな支援を！ → **数字を分解しながら減減法のしくみを確認し、くり下がりのある計算のしかたを身につける**

支援の例

18

18 くり下がりのある ひき算_減減法②

くり下がりのあるひき算を、減減法の考え方（例：12－4＝（12－2）－2）をつかって解くことができるように教えていきます。

1 先生とワークシートを確認する

はじめに、先生と一緒にワークシートを見て、ひき算の式、ひく数を分解する枠、ドットカードの図を確認する。

ひき算の式

ひく数を分ける枠。右の枠には 1 と書いてある

ひく数の下に、ひかれる数のドットカードの図

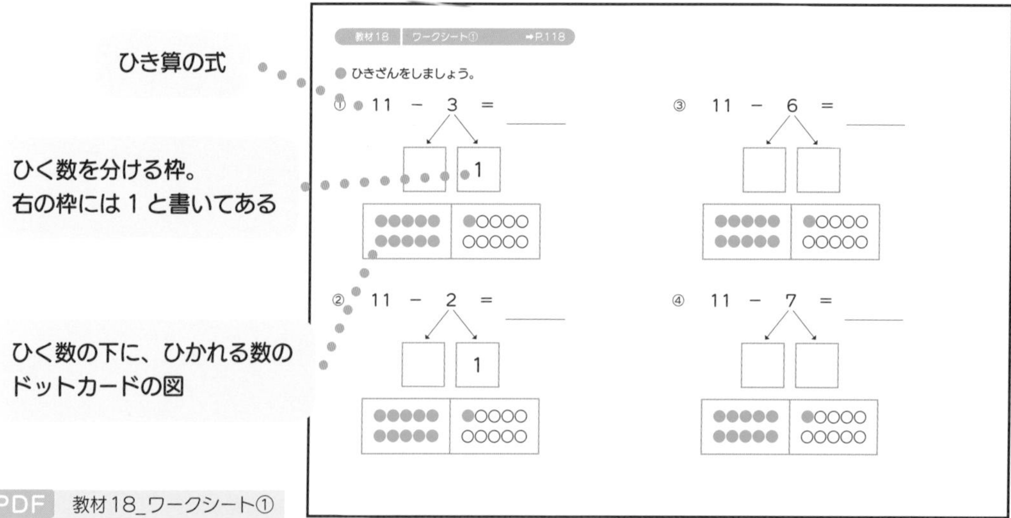

PDF　教材 18_ワークシート①

2 ひく数を分解する

はじめに、ひかれる数「11」の一の位の数字に合わせて、ひく数の「3」を分解して下の枠に書き込む。慣れるまでは、あらかじめワークシートの片方の枠に数字が書き込まれている式で練習する。

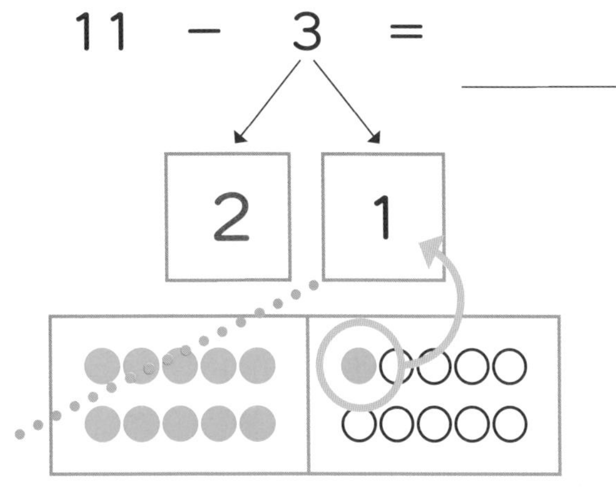

ひかれる数「11」の一の位は「1」なので、3を「1」と「2」に分解する

3 ひかれる数の一の位を計算する

次に、ひかれる数「11」の一の位の「1」をひいて残りを「10」にする。

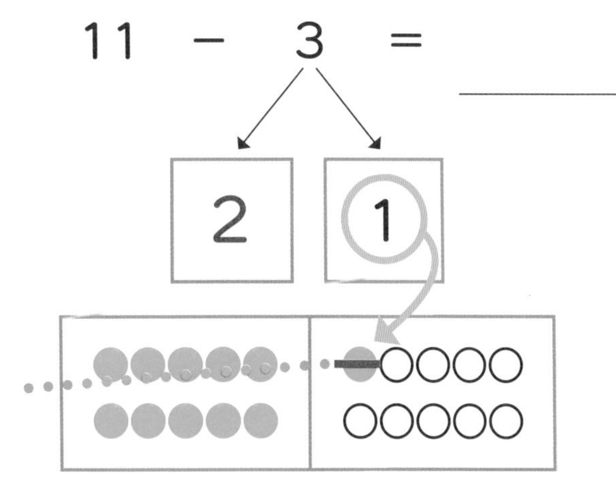

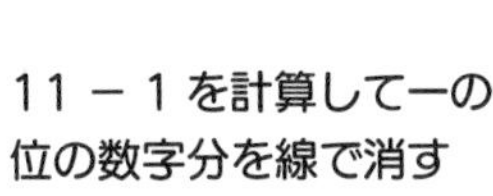

4 10のかたまりから残りの数をひく

❶最後に、10のかたまりから分解した残りの「2」をひいて10−2は8になるので、11−3のこたえは8となる。

11 − 3 = 8

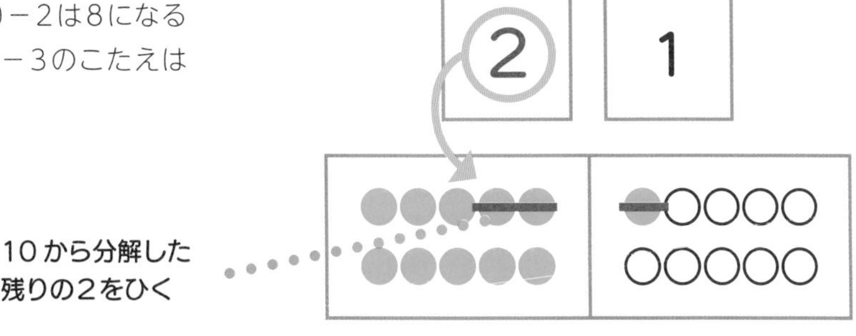

❷計算のしかたが理解できたら、ひく数を分解する枠やドットカードの図をつかわずに計算する。

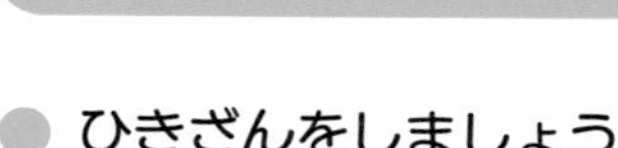

ワークシート

● ひきざんをしましょう。

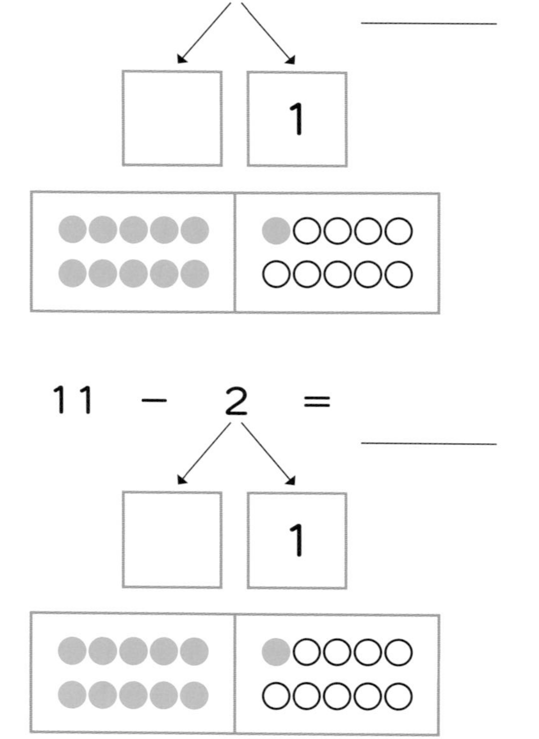

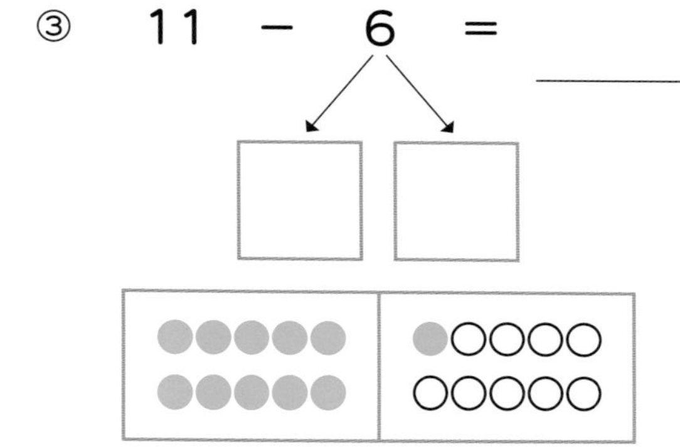

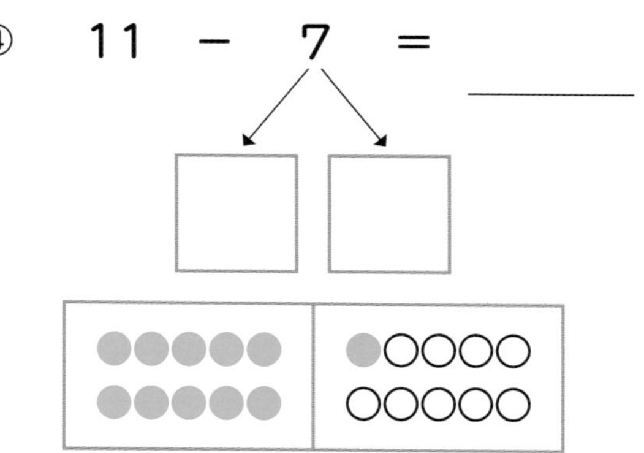

ワークシート

● ひきざんをしましょう。

① 12 － 5 ＝ ＿＿＿＿

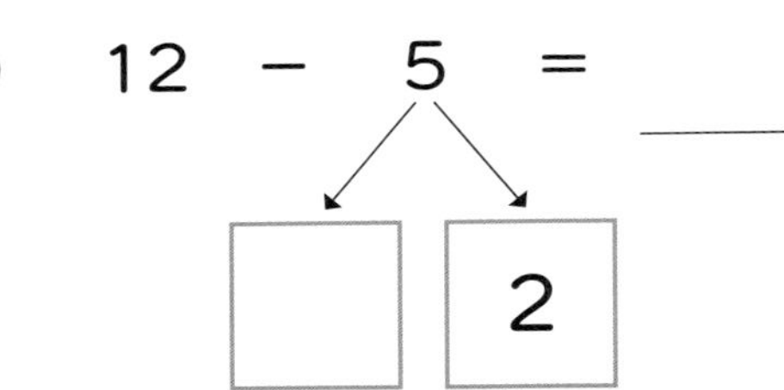
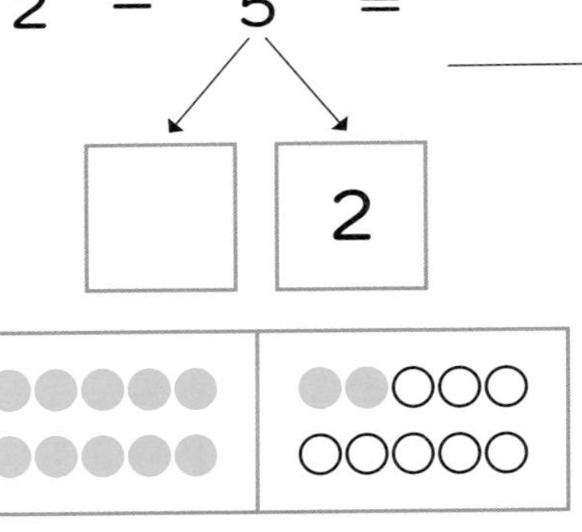

2

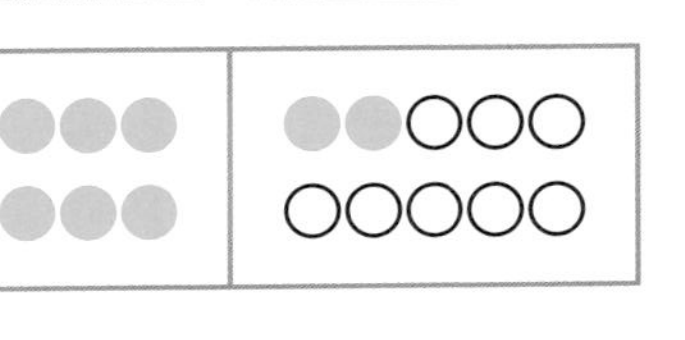

② 12 － 3 ＝ ＿＿＿＿

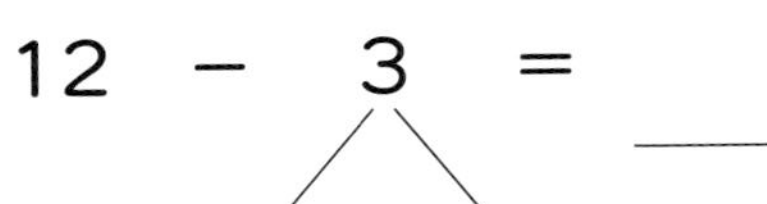

2

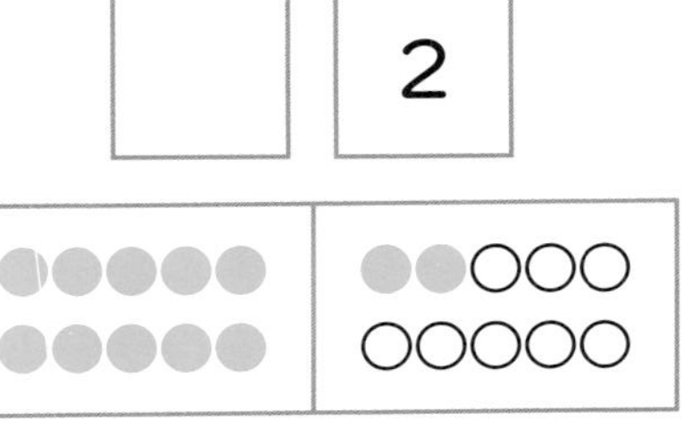

③ 12 － 8 ＝ ＿＿＿＿

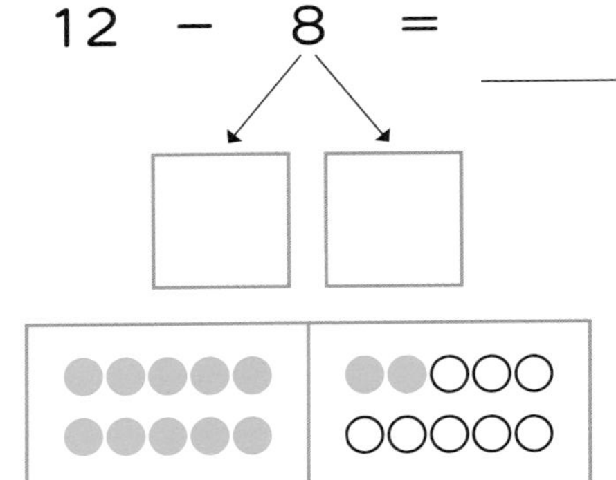

④ 12 － 7 ＝ ＿＿＿＿

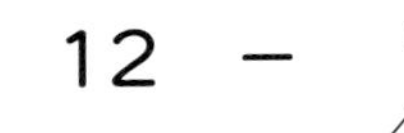
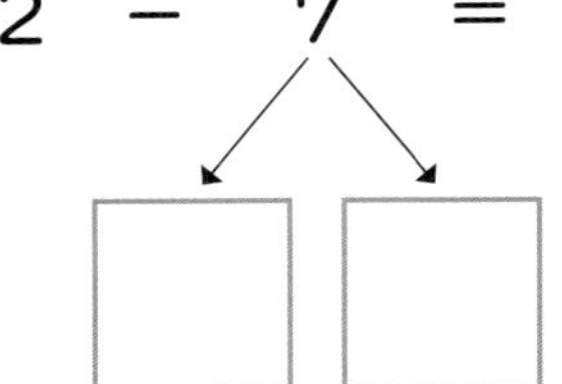

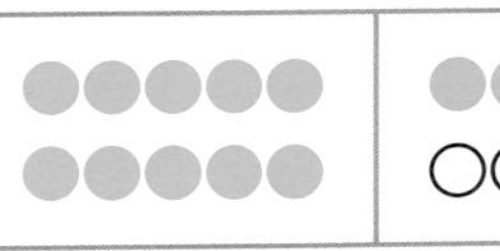

ワークシート

● ひきざんをしましょう。

① 13 − 9 = ＿＿＿＿

② 13 − 5 = ＿＿＿＿

③ 13 − 6 = ＿＿＿＿

④ 13 − 4 = ＿＿＿＿

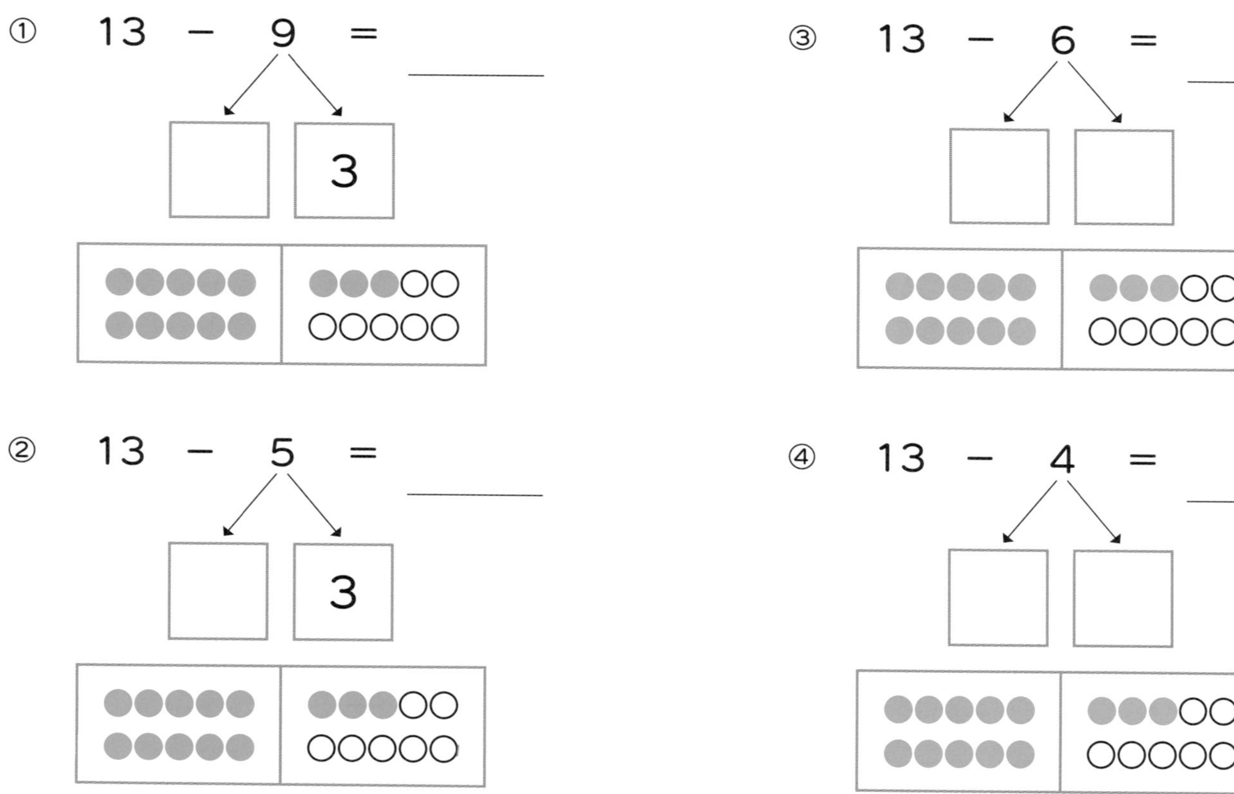

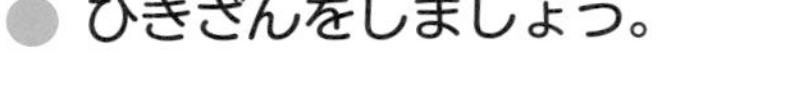

ワークシート

● ひきざんをしましょう。

① 15 － 6 ＝ ＿＿＿＿

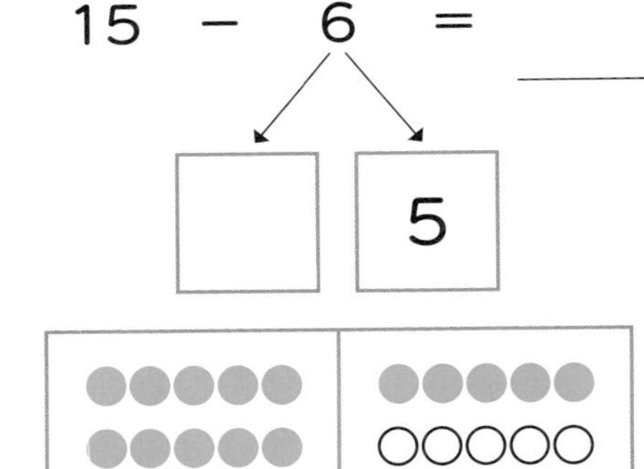

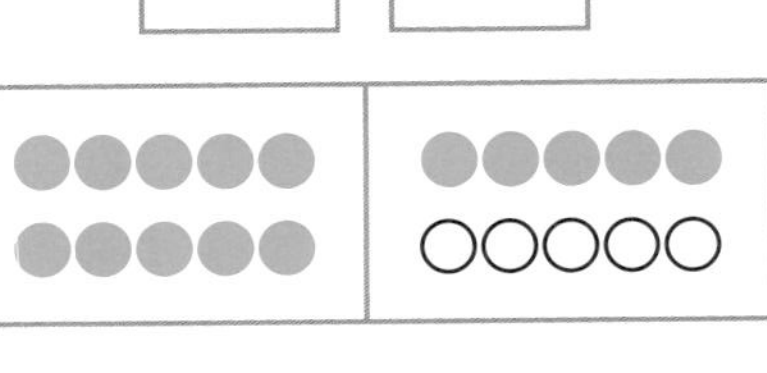

② 15 － 7 ＝ ＿＿＿＿

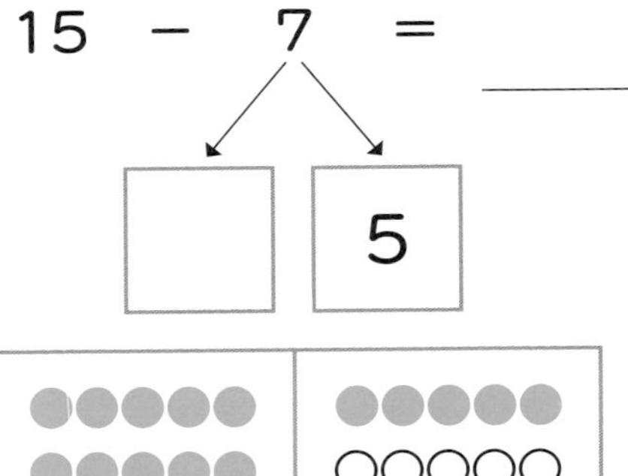

③ 15 － 8 ＝ ＿＿＿＿

④ 15 － 9 ＝ ＿＿＿＿

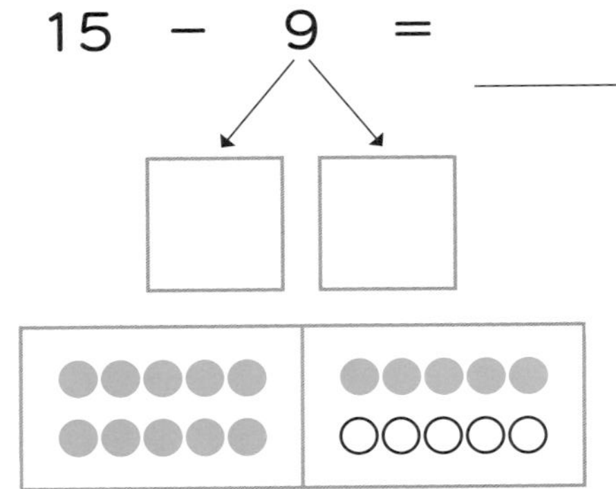

くり上がりのあるたし算の筆算ができない

- くり上がりの計算手順を理解していない
- くり上がった数を書くことを忘れてしまう
- くり上がりの数を書く位置がわからずに桁がずれてしまう　など

こんな支援を! → **くり上がりの手順や数字を書く位置を、マス目と色をつかいわかりやすくして教える**

支援の例

19 くり上がりのあるたし算の筆算

くり上がりのあるたし算の計算のしくみを理解できていない子どもには、一の位から十の位へのくり上がりの手順をていねいに教えます。

```
   8 5        8 5
 + 4 7      + 4 7
 -----      -------
 1 2 2    1 2 1 2
```

（どちらの答えにも × がついている）

くり上がりを書くことを忘れたり、くり上がりの数を正しい位置に書けなかったりする

1 先生とワークシートを確認する

はじめに、先生と一緒に、ワークシートの筆算用のマスを見て、マスは一の位、十の位で色が縦に分かれていることを確認する。

2 先生が計算の手順を見せる

先生は、手順を説明しながら、実際にワークシートをつかって計算のしかたを見せていく。

位で色が分かれている

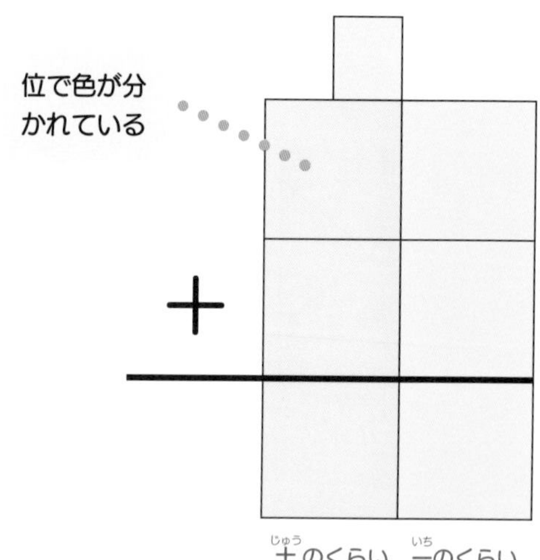

声かけの例

❶はじめは一の位の計算です。一の位は、4＋9＝13ですね。

❷13の1は10という意味なので、十の位の一番上に書きます。これを「1がくり上がった」と言います。

❸13の3は一の位なので、一の位の一番下に書きます。

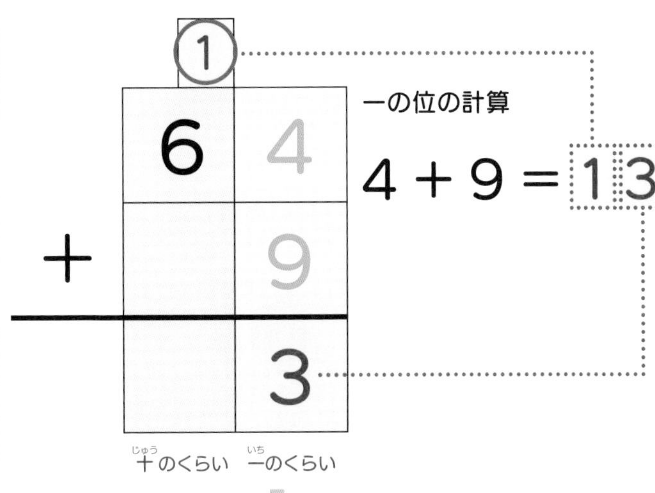

声かけの例

❶次は、十の位の計算です。くり上がった1と、もとからある6を合わせて1＋6＝7ですね。

❷十の位に7と書いて、こたえは73となります。

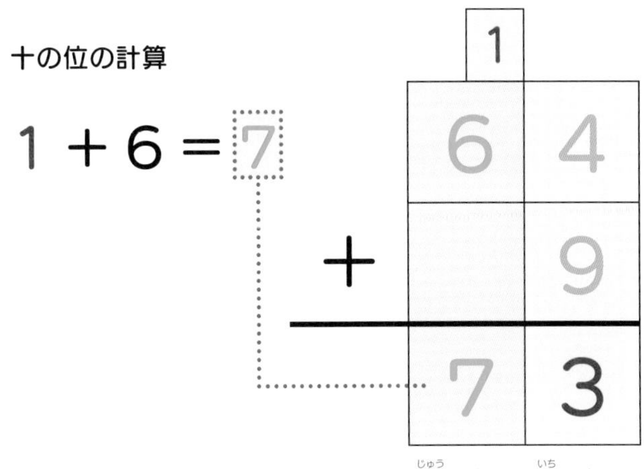

3 今度は子どもに計算させる

次に、先生が手順を言いながら、子どもに計算を書かせていき、何度か手順を確認したらワークシートでの練習へと進める。慣れてきたら、こたえが3桁の計算も練習する。

Point

- 筆算はくり返し手順を確認しながら練習し、計算に慣れさせていくことが大切です。

留意点

- 1桁の数どうしのたし算のこたえが、暗算ですぐに出てこない場合は、ていねいにくり上がりのあるたし算（94ページ参照）の振り返りをしながら進めるようにします。

ワークシート

● たしざんをしましょう。

①

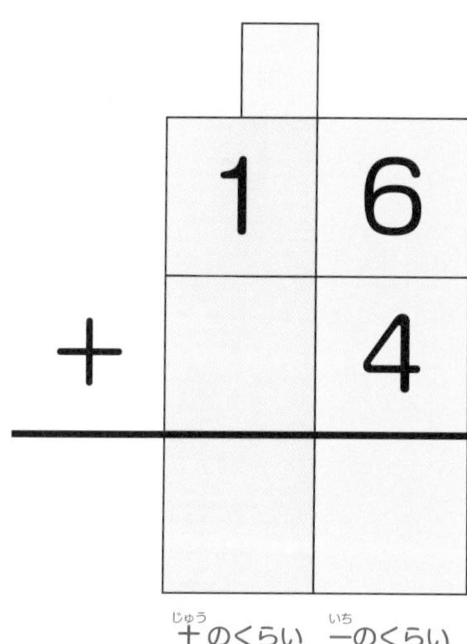

③

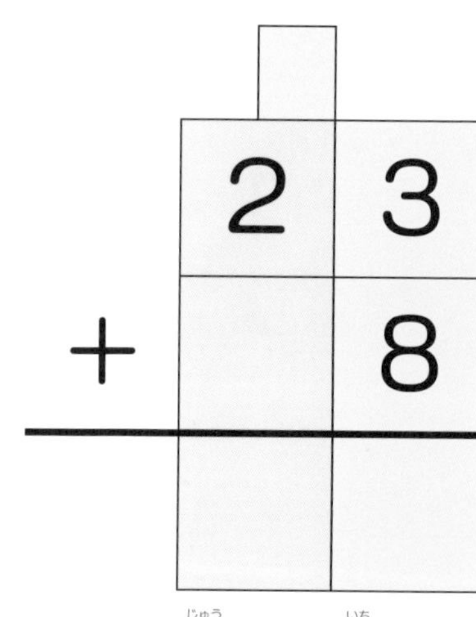

②

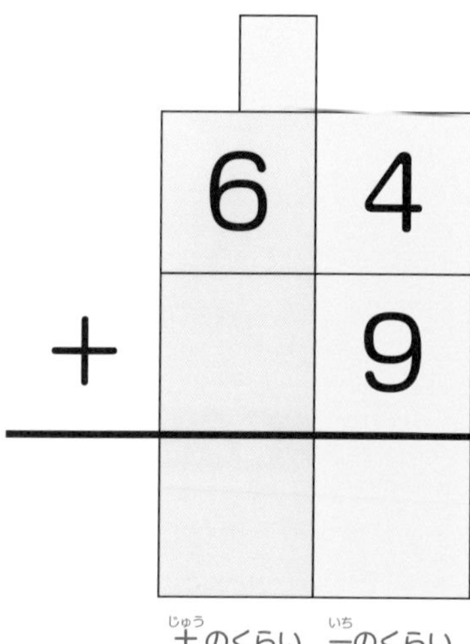

④

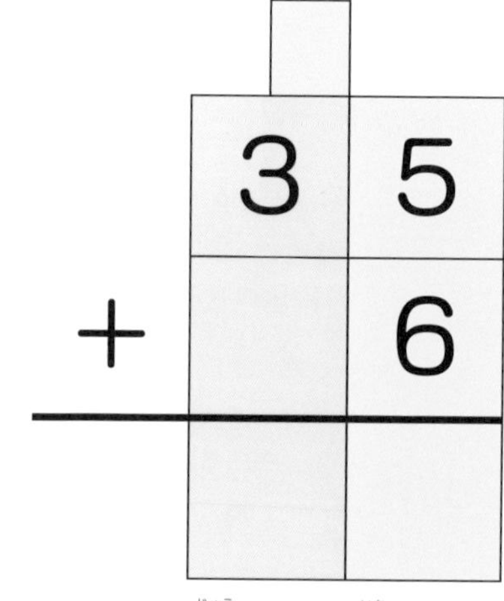

ワークシート

● たしざんをしましょう。

①

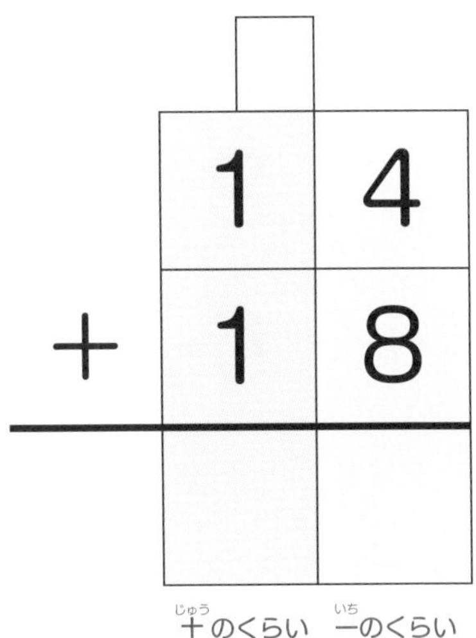

十(じゅう)のくらい　一(いち)のくらい

②

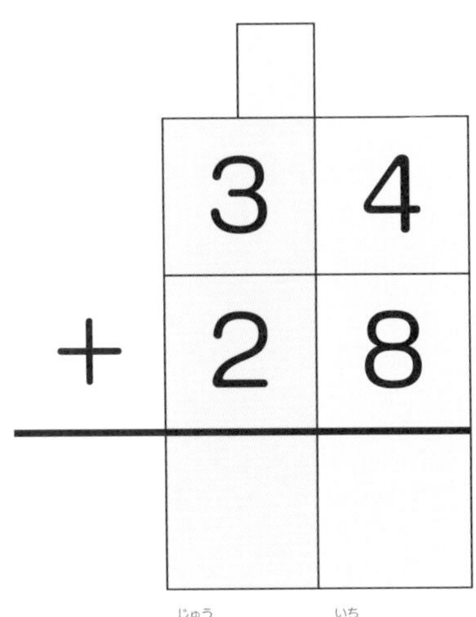

十(じゅう)のくらい　一(いち)のくらい

③

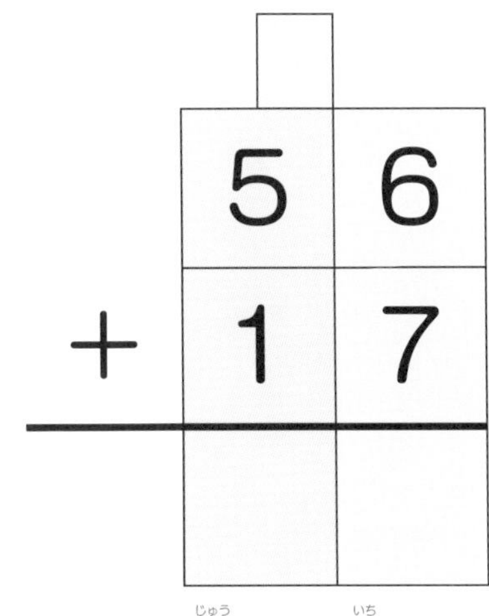

十(じゅう)のくらい　一(いち)のくらい

④

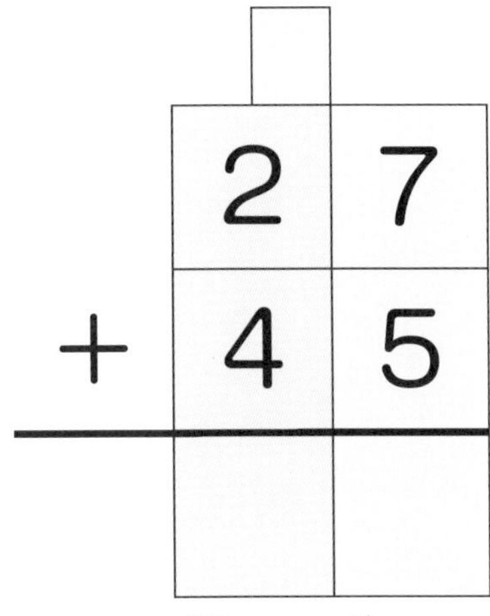

十(じゅう)のくらい　一(いち)のくらい

ワークシート

● たしざんをしましょう。

①

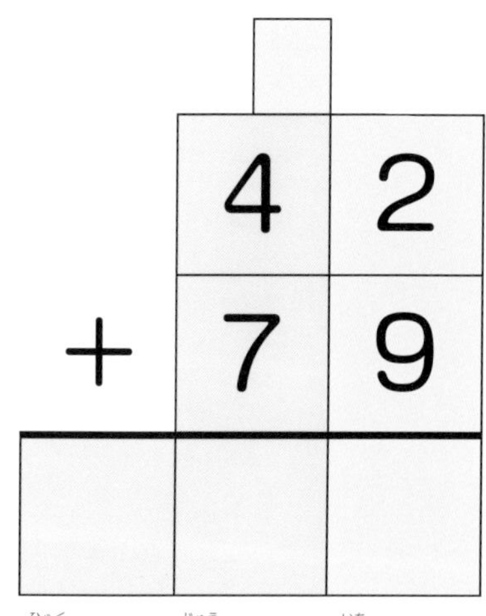

③

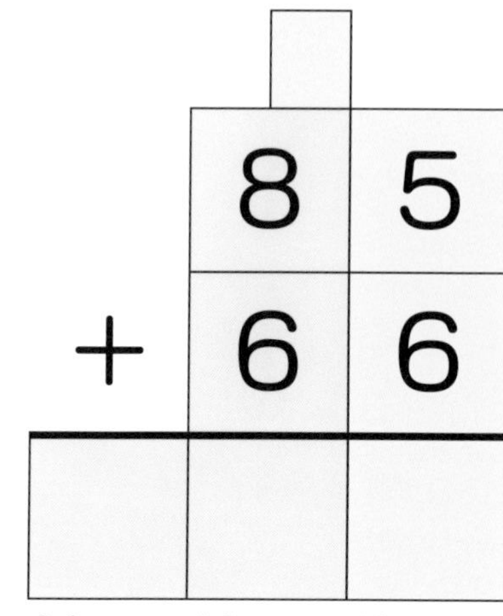

②

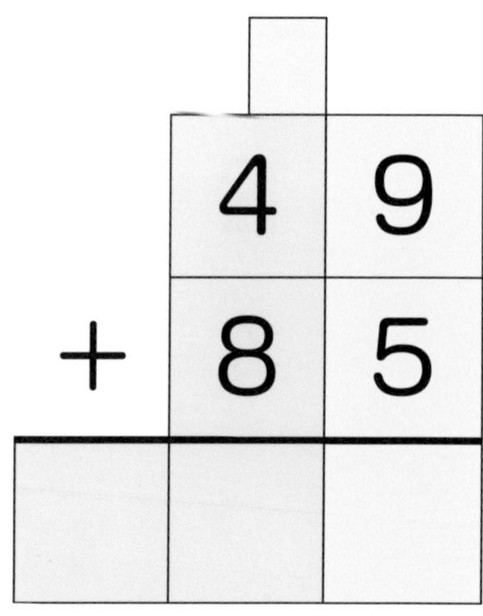

④

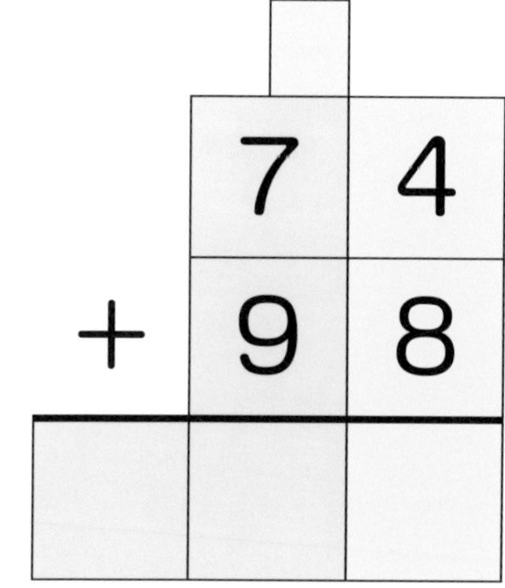

ワークシート

● たしざんをしましょう。

①

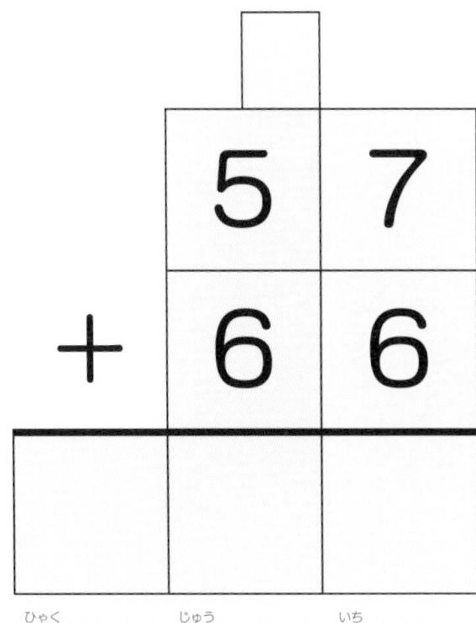

③

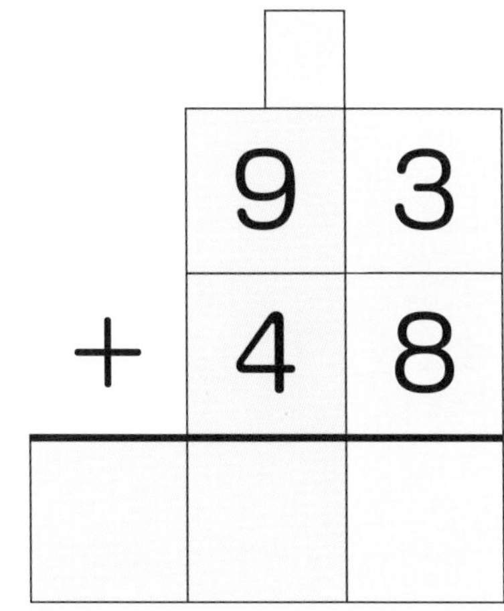

②

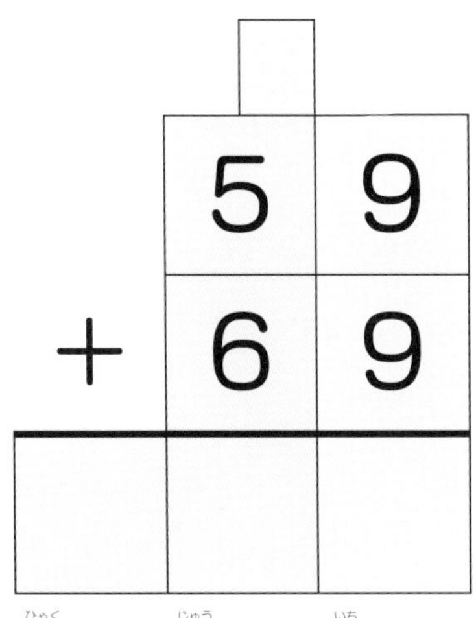

④

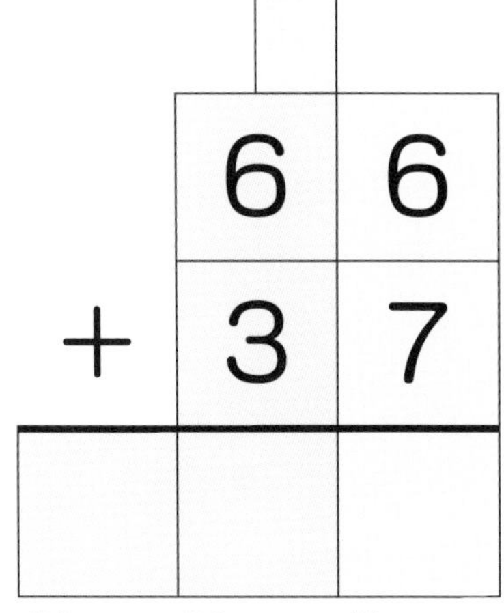

くり下がりのあるひき算の筆算ができない

たとえば？

- くり下がりの計算手順を理解していない
- 23−15 の場合「一の位の3から5はひけないので計算できない」と言う
- 23−15 の場合、一の位の計算を5－3と逆にしてしまう　など

こんな支援を！ → 「1 つ上の位から 10 を借りてくる」という操作をお金をつかって理解させる

支援の例

20 くり下がりのある
ひき算の筆算

1 ワークシートにお金カードを並べる

先生はワークシートに式を書き込み、お金カード（46ページ〈教材06〉を使用する）をひかれる数の上にある枠の中に並べる。

2 「ひけないときは、１つ上の位から 10 を借りてくる」ことを練習する

先生がお金カードを動かしながら、実際に計算してみせる。

例）先生が提示した式が〈23－15〉の場合

❶はじめに、一の位の計算をする。

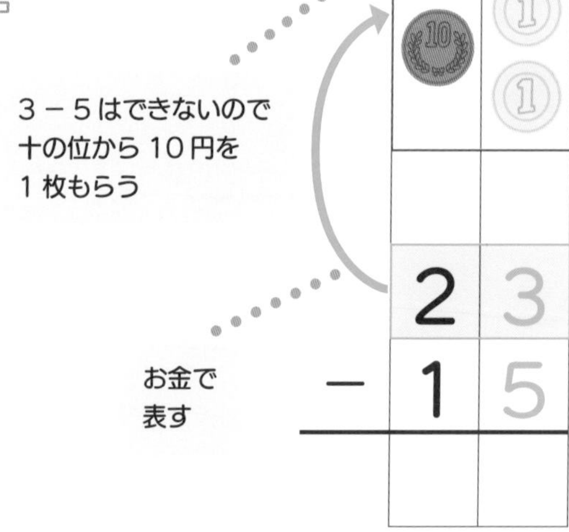

声かけの例

❶式の 23 をお金で表してみると
10円2枚と１円3枚になるね。

❷ 23－15の一の位の計算は3－5だけど、
3から5はひけません。

❸ひけないので、となりの十の位から
10円を１枚もらいます。

声かけの例

❶一の位に 10 が加わったので、
10＋3で 13 になったね。

❷13 −5は計算できるので、
13 −5＝8で一の位のこたえは
8 になります。
これで一の位の計算はおしまい。

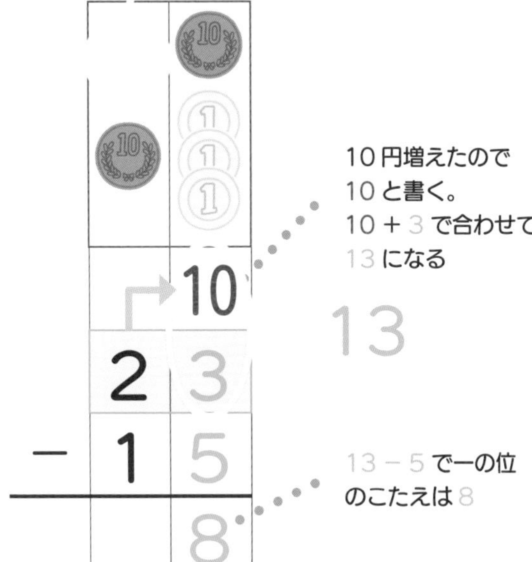

13−5がすぐにできない場合は、もらってきた10円を1円10枚に両替し、1円13枚から5枚をひく操作をして8を導く。

13円   

13円

❷次に、十の位の計算をする。

声かけの例

❶十の位は2で、10円が2枚ありましたが、1枚あげてしまったので、残っているのは1枚です。
だから、2を線で消して1にします。

❷十の位の計算は1 −1 =0ですが、
十の位に0は書きません。
23 − 15のこたえは8でおしまい。

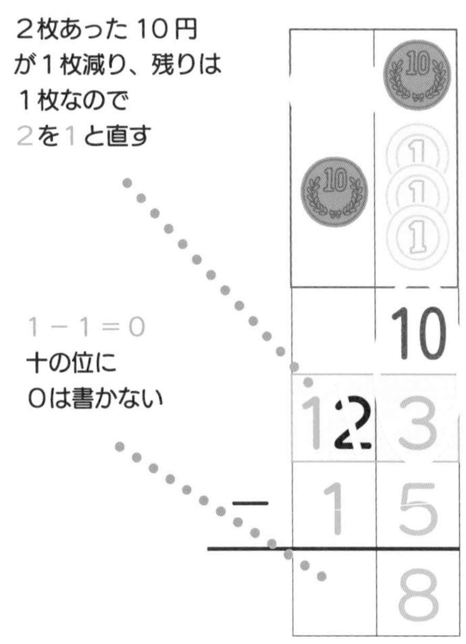

3 慣れてきたら子どもに計算させる

はじめは先生が手順を誘導し、徐々に子ども自身に取り組ませる。手順に慣れてきたら、お金を置く枠のないワークシートで計算する。

ワークシート

A３サイズに拡大して使用してください。

● うえの □ に　おかねを　ならべて　けいさんしましょう。

①

	十(じゅう)のくらい	一(いち)のくらい
	6	4
－		9

おかねで　あらわすと

②

	十(じゅう)のくらい	一(いち)のくらい
	3	5
－		6

おかねで　あらわすと

ワークシート

A３サイズに拡大して使用してください。

● うえの □ に おかねを ならべて けいさんしましょう。

①

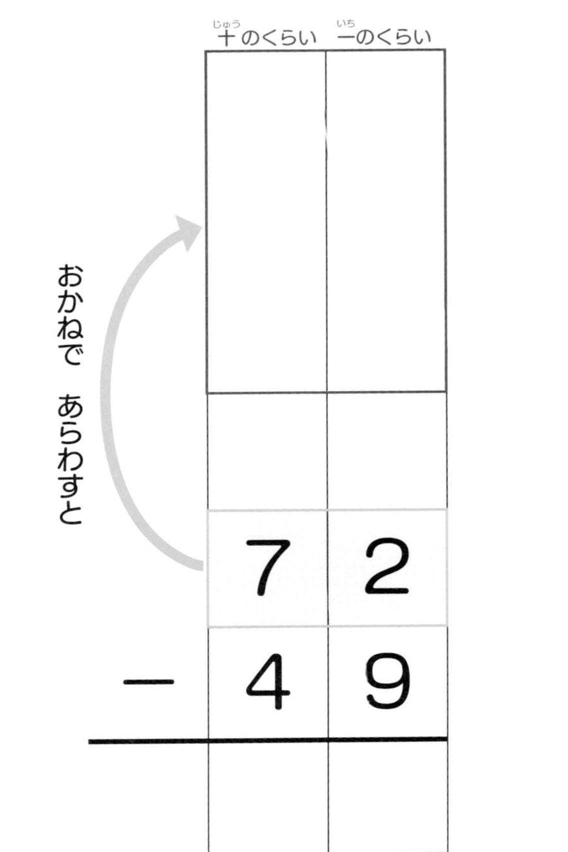

②

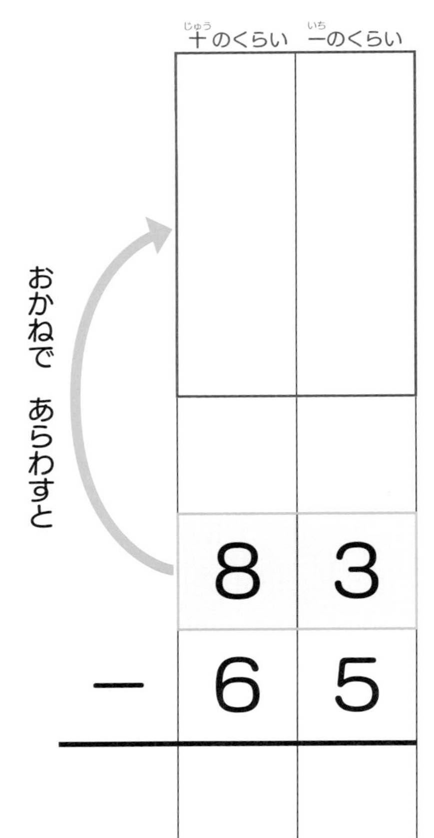

ワークシート

● ひきざんをしましょう。

①

	十のくらい	一のくらい
	8	2
−	3	9

③

	十のくらい	一のくらい
	9	4
−	7	6

②

	十のくらい	一のくらい
	6	6
−	5	7

④

	十のくらい	一のくらい
	9	2
−	4	8

ワークシート

● ひきざんをしましょう。

①

	十(じゅう)のくらい	一(いち)のくらい
	5	3
－	1	8

③

	十(じゅう)のくらい	一(いち)のくらい
	4	7
－	2	8

②

	十(じゅう)のくらい	一(いち)のくらい
	3	4
－	1	6

④

	十(じゅう)のくらい	一(いち)のくらい
	3	3
－	2	4

かけ算の意味がわからない

たとえば？
- 3＋3＋3＋3＋3が3×5で計算できることがわからない
- かけ算のしくみを理解していない　など

こんな支援を！

数字と絵カードをつかい「1つぶんの数×いくつ分＝ぜんぶの数」の考え方を理解させる

支援の例

21 かけ算の意味理解

1 絵カードを操作して かけ算の意味を理解する

❶先生は、ワークシートの絵カードを切り取り、問題文の【　】に数字を書き込む。

どんぐりこまを　ひとり　3こずつ
【　　　　】にんで　つくります。
どんぐりは　ぜんぶでなんこ　つかいますか。

❷子どもは、先生が書き込んだ数字の数だけ枠の中に絵カードを並べ、3＋3＋3＋3＋3を計算する。このとき、同じ数を何度もたすときは、かけ算で計算するとよいことを子どもと確認する。

数字を書き込む

教材21　ワークシート1③　➡P.136　破線の位置で切り取って使用してください。

どんぐりこまを　ひとり　3こずつ【　5　】にんで　つくります。
どんぐりは　ぜんぶでなんこ　つかいますか。

● ひつような　ぶんだけ　おきましょう。

● かけざんの　しきにしましょう。

ひとりぶんのどんぐりのかず　×　なんにんぶん　＝　ぜんぶのどんぐりのかず

ぜんぶで□こ

絵カードを切り取る

PDF　教材21_ワークシート1③

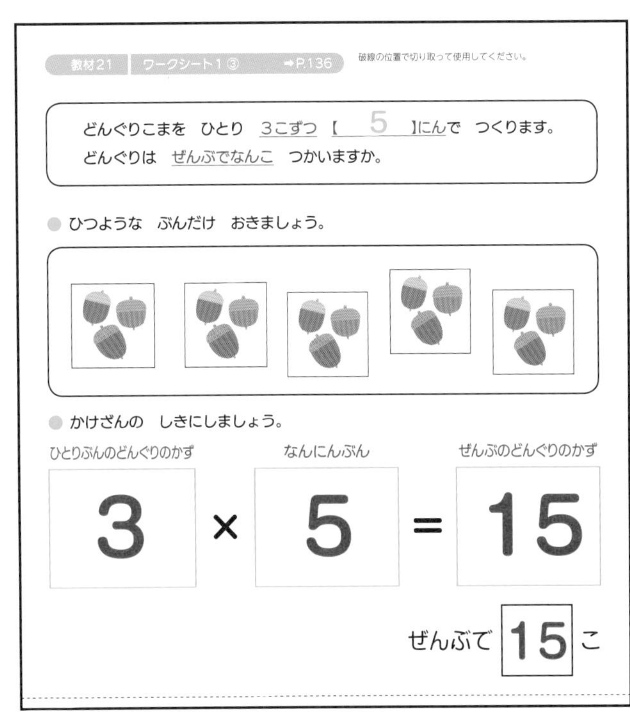
教材21 ワークシート1③ ➡P.136 破線の位置で切り取って使用してください。

どんぐりこまを ひとり 3こずつ【 5 】にんで つくります。
どんぐりは ぜんぶでなんこ つかいますか。

● ひつような ぶんだけ おきましょう。

● かけざんの しきにしましょう。

ひとりぶんのどんぐりのかず		なんにんぶん		ぜんぶのどんぐりのかず
3	×	5	=	15

ぜんぶで 15 こ

PDF 教材21_ワークシート1③

❸「ひとりぶんのどんぐりのかず」「なんにんぶん」「ぜんぶのどんぐりのかず」をヒントにしながら、数字を書き込んで計算する。どんぐりの数をかえて何回かやってみる。

2 ワークシートをかえ計算の練習をする

❶かけ算の意味の理解が進んだら、先生が絵カードをランダムに置き、子どもはそれを見て立式し、計算する。

❷慣れてきたら「ひとつぶんのかず」「いくつぶん」「ぜんぶのかず」の手がかりが書かれていないワークシートで練習する。

慣れてきたら手がかりなしのワークシートで練習する

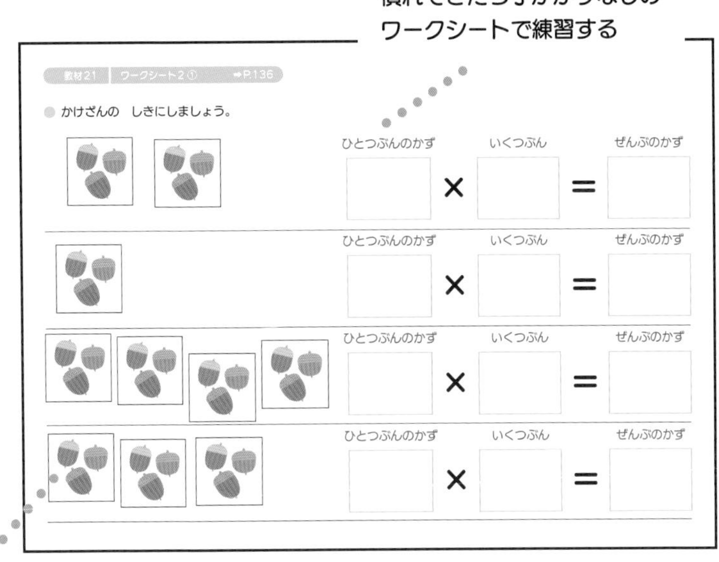
教材21 ワークシート2① ➡P.136

● かけざんの しきにしましょう。

ひとつぶんのかず		いくつぶん		ぜんぶのかず
	×		=	
	×		=	
	×		=	
	×		=	

ランダムにカードを並べる

PDF 教材21_ワークシート2①

ワークシート

破線の位置で切り取って使用してください。

クッキーを　1こずつ【　　　　】にんで　たべます。
クッキーは　ぜんぶでなんこ　いりますか。

● ひつような　ぶんだけ　おきましょう。

● かけざんの　しきにしましょう。

ひとりぶんのクッキーのかず　　なんにんぶん　　ぜんぶのクッキーのかず

ぜんぶで □ こ

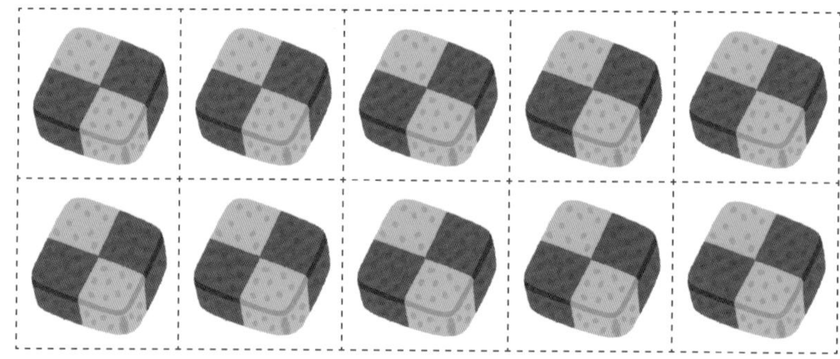

ワークシート

破線の位置で切り取って使用してください。

おさらにケーキが　2こずつ　のっています。 おさらが
【　　　　　】まい　あると　ケーキは　ぜんぶでなんこ　ですか。

● ひつような　ぶんだけ　おきましょう。

● かけざんの　しきにしましょう。

ぜんぶで　□　こ

ワークシート

破線の位置で切り取って使用してください。

どんぐりこまを　ひとり　3こずつ　【　　　　　】にんで　つくります。
どんぐりは　ぜんぶでなんこ　つかいますか。

● ひつようなぶんだけ　おきましょう。

● かけざんの　しきにしましょう。

ぜんぶで □ こ

ワークシート

● かけざんの　しきにしましょう。

ひとつぶんのかず　□　×　いくつぶん　□　＝　ぜんぶのかず　□

ひとつぶんのかず　□　×　いくつぶん　□　＝　ぜんぶのかず　□

ひとつぶんのかず　□　×　いくつぶん　□　＝　ぜんぶのかず　□

ひとつぶんのかず　□　×　いくつぶん　□　＝　ぜんぶのかず　□

九九を覚えられない①

たとえば？
- 九九がスムーズに暗唱できない
- 九九の式を飛ばして言ってしまう　など

こんな支援を!  **ヒントを見せながら、1つの段ごとにスモールステップで練習する**

支援の例

22 九九①

九九の式に読みとこたえがついたワークシートを手がかりにしながら、1つの段ずつ取り組みます。はじめに1の段から5の段まで取り組み、覚えられたら6の段から9の段へとステップアップしていきます。

1 九九表を切り取って折り、読み仮名つきの式を読む

九九表を段ごとに切り取り、読み仮名とこたえのついた1枚目の表だけが見えるようにほかの部分を折り返し、先生と一緒に読みあげる（先生のあとに続けて読ませてもよい）。

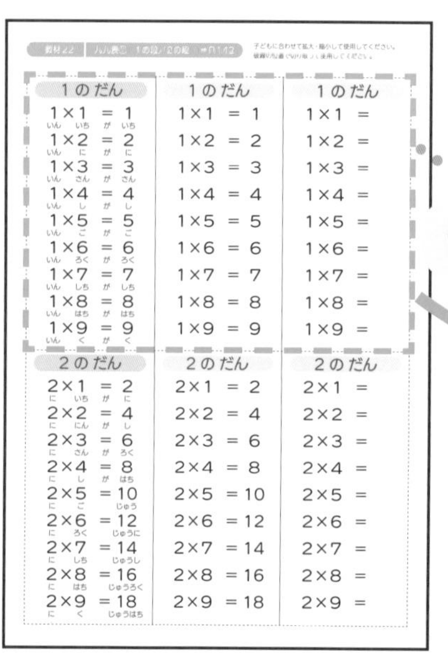

1のだん	1のだん	1のだん
1×1 ＝ 1（いん いち が いち）	1×1 ＝ 1	1×1 ＝
1×2 ＝ 2（いん に が に）	1×2 ＝ 2	1×2 ＝
1×3 ＝ 3（いん さん が さん）	1×3 ＝ 3	1×3 ＝
1×4 ＝ 4（いん し が し）	1×4 ＝ 4	1×4 ＝
1×5 ＝ 5（いん ご が ご）	1×5 ＝ 5	1×5 ＝
1×6 ＝ 6（いん ろく が ろく）	1×6 ＝ 6	1×6 ＝
1×7 ＝ 7（いん しち が しち）	1×7 ＝ 7	1×7 ＝
1×8 ＝ 8（いん はち が はち）	1×8 ＝ 8	1×8 ＝
1×9 ＝ 9（いん く が く）	1×9 ＝ 9	1×9 ＝

2のだん	2のだん	2のだん
2×1 ＝ 2（に いち が に）	2×1 ＝ 2	2×1 ＝
2×2 ＝ 4（に にん が し）	2×2 ＝ 4	2×2 ＝
2×3 ＝ 6（に さん が ろく）	2×3 ＝ 6	2×3 ＝
2×4 ＝ 8（に し が はち）	2×4 ＝ 8	2×4 ＝
2×5 ＝ 10（に ご じゅう）	2×5 ＝ 10	2×5 ＝
2×6 ＝ 12（に ろく じゅうに）	2×6 ＝ 12	2×6 ＝
2×7 ＝ 14（に しち じゅうし）	2×7 ＝ 14	2×7 ＝
2×8 ＝ 16（に はち じゅうろく）	2×8 ＝ 16	2×8 ＝
2×9 ＝ 18（に く じゅうはち）	2×9 ＝ 18	2×9 ＝

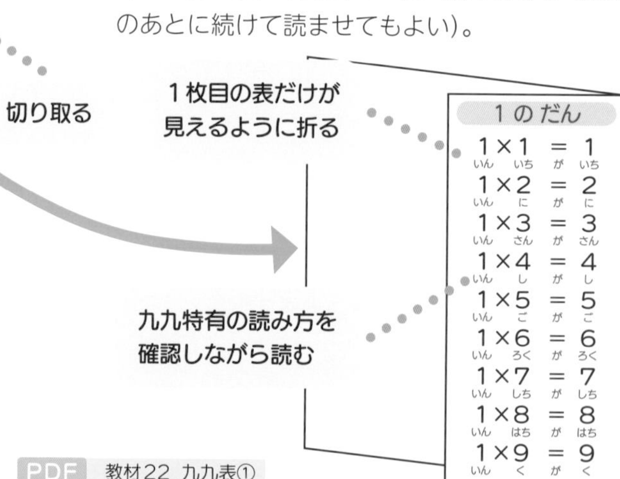

PDF 教材22_九九表①

2 読み仮名なし、こたえなしとステップアップする

❶読み仮名つきの表が読めたら、２枚目の表を出し、読み仮名なしで読む練習をする。読み方を忘れたときは、１枚目の表を確認しながら進める。

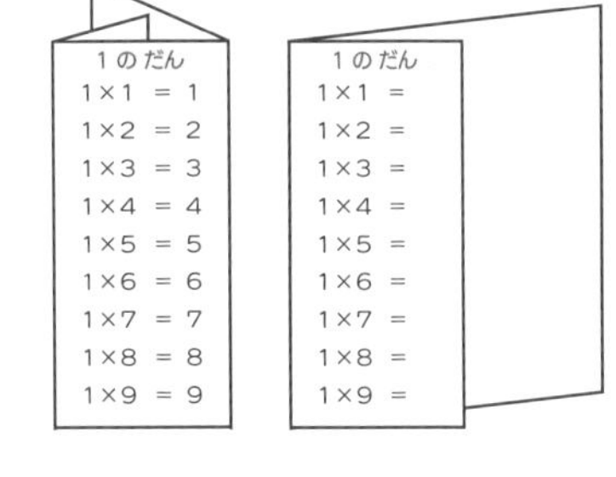

声を出して、手拍子をするなどリズムに合わせて読んでいくと覚えやすい

❷読み仮名なしの表が読めたら、今度はこたえなしの表を出すというように、徐々にヒントを減らして練習する。このとき、かける数が1つ増えるごとに、こたえもかけられる数の単位で増えていくことを、同時に確認する。

【かけられる数の単位が3のとき】

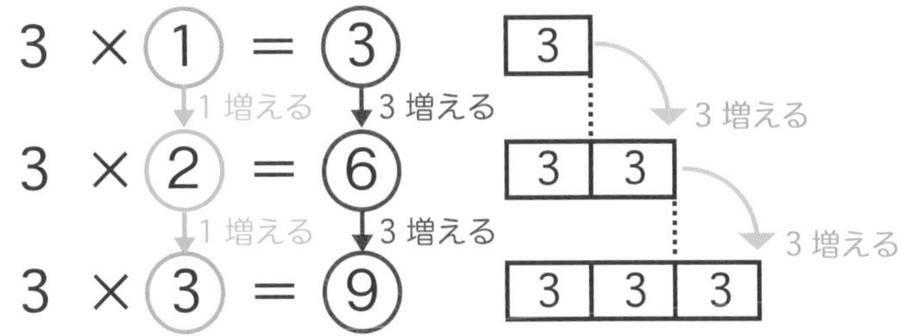

3 九九カードをつかって練習する

❶はじめに先生が、九九カードを切り取り、1つの段を選んで式のカードを並べ、順番にこたえを言わせる。慣れてきたら、その段のなかからランダムに式を選んでこたえを言わせる。

❷次に、６の段から９の段などの大きい段や、子どもがとくにつまずきやすい段の式をいくつか選んで、式のカードをばらばらに置く。

❸先生が、こたえのカードを１枚ずつ示し、子どもはその式となるカードを選ぶゲームをする。

教材22 九九カード① 1の段／2の段 ➡P.142

1×1＝	1×2＝	1×3＝	2×1＝	2×2＝	2×3＝
1	2	3	2	4	6
1×4＝	1×5＝	1×6＝	2×4＝	2×5＝	2×6＝
4	5	6	8	10	12
1×7＝	1×8＝	1×9＝	2×7＝	2×8＝	2×9＝
7	8	9	14	16	18

フラッシュカードのように活用することもできる

PDF 教材21_九九カード①

PART2 九九①

九九表

子どもに合わせて拡大・縮小して使用してください。
破線の位置で切り取って使用してください。

1のだん

1×1 ＝ 1	いん いち が いち
1×2 ＝ 2	いん に が に
1×3 ＝ 3	いん さん が さん
1×4 ＝ 4	いん し が し
1×5 ＝ 5	いん ご が ご
1×6 ＝ 6	いん ろく が ろく
1×7 ＝ 7	いん しち が しち
1×8 ＝ 8	いん はち が はち
1×9 ＝ 9	いん く が く

1のだん

1×1 ＝ 1
1×2 ＝ 2
1×3 ＝ 3
1×4 ＝ 4
1×5 ＝ 5
1×6 ＝ 6
1×7 ＝ 7
1×8 ＝ 8
1×9 ＝ 9

1のだん

1×1 ＝
1×2 ＝
1×3 ＝
1×4 ＝
1×5 ＝
1×6 ＝
1×7 ＝
1×8 ＝
1×9 ＝

2のだん

2×1 ＝ 2	に いち が に
2×2 ＝ 4	に にん が し
2×3 ＝ 6	に さん が ろく
2×4 ＝ 8	に し が はち
2×5 ＝ 10	に ご じゅう
2×6 ＝ 12	に ろく じゅうに
2×7 ＝ 14	に しち じゅうし
2×8 ＝ 16	に はち じゅうろく
2×9 ＝ 18	に く じゅうはち

2のだん

2×1 ＝ 2
2×2 ＝ 4
2×3 ＝ 6
2×4 ＝ 8
2×5 ＝ 10
2×6 ＝ 12
2×7 ＝ 14
2×8 ＝ 16
2×9 ＝ 18

2のだん

2×1 ＝
2×2 ＝
2×3 ＝
2×4 ＝
2×5 ＝
2×6 ＝
2×7 ＝
2×8 ＝
2×9 ＝

九九表

子どもに合わせて拡大・縮小して使用してください。
破線の位置で切り取って使用してください。

3のだん	3のだん	3のだん
3×1 ＝ 3 さん いち が さん	3×1 ＝ 3	3×1 ＝
3×2 ＝ 6 さん に が ろく	3×2 ＝ 6	3×2 ＝
3×3 ＝ 9 さ ざん が く	3×3 ＝ 9	3×3 ＝
3×4 ＝ 12 さん し じゅうに	3×4 ＝ 12	3×4 ＝
3×5 ＝ 15 さん ご じゅうご	3×5 ＝ 15	3×5 ＝
3×6 ＝ 18 さぶ ろく じゅうはち	3×6 ＝ 18	3×6 ＝
3×7 ＝ 21 さん しち にじゅういち	3×7 ＝ 21	3×7 ＝
3×8 ＝ 24 さん ぱ にじゅうし	3×8 ＝ 24	3×8 ＝
3×9 ＝ 27 さん く にじゅうしち	3×9 ＝ 27	3×9 ＝

4のだん	4のだん	4のだん
4×1 ＝ 4 し いち が し	4×1 ＝ 4	4×1 ＝
4×2 ＝ 8 し に が はち	4×2 ＝ 8	4×2 ＝
4×3 ＝ 12 し さん じゅうに	4×3 ＝ 12	4×3 ＝
4×4 ＝ 16 し し じゅうろく	4×4 ＝ 16	4×4 ＝
4×5 ＝ 20 し ご にじゅう	4×5 ＝ 20	4×5 ＝
4×6 ＝ 24 し ろく にじゅうし	4×6 ＝ 24	4×6 ＝
4×7 ＝ 28 し しち にじゅうはち	4×7 ＝ 28	4×7 ＝
4×8 ＝ 32 し は さんじゅうに	4×8 ＝ 32	4×8 ＝
4×9 ＝ 36 し く さんじゅうろく	4×9 ＝ 36	4×9 ＝

九九カード

子どもに合わせて拡大・縮小して使用してください。
破線の位置で切り取って使用してください。

1×1=	1×2=	1×3=
1	2	3
1×4=	1×5=	1×6=
4	5	6
1×7=	1×8=	1×9=
7	8	9

2×1=	2×2=	2×3=
2	4	6
2×4=	2×5=	2×6=
8	10	12
2×7=	2×8=	2×9=
14	16	18

九九カード

子どもに合わせて拡大・縮小して使用してください。
破線の位置で切り取って使用してください。

3×1＝	3×2＝	3×3＝
3	6	9
3×4＝	3×5＝	3×6＝
12	15	18
3×7＝	3×8＝	3×9＝
21	24	27

4×1＝	4×2＝	4×3＝
4	8	12
4×4＝	4×5＝	4×6＝
16	20	24
4×7＝	4×8＝	4×9＝
28	32	36

九九を覚えられない②

たとえば？

- 九九を順に言っていくことはできるが、ランダムに聞かれるとこたえられない
- 「さんぱにじゅうし」はこたえられるが「はちさん」と逆になるとこたえられない　など

こんな支援を！ ➡ **ゲーム感覚で九九をくり返し練習し定着させる**

支援の例

23 九九②

1 九九でいろいろなゲームをする

九九ゲーム

❶先生は、ワークシートを切り取って数字ボックスを組み立て、その中にそれぞれの色の数字カードを入れる。組み立てた数字ボックスは、計算シートの上に置く。Aを「かけられる数」とし、Bは「かける数」とする。

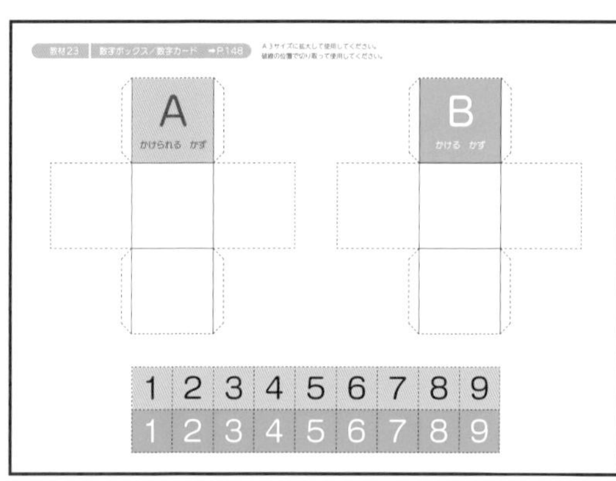

PDF 教材23_数字ボックス／数字カード

教材23　計算シート　➡P148

Aの　はこを　おく　　Bの　はこを　おく

□ × □ ＝

PDF 教材23_計算シート

A、Bの箱をそれぞれ組み立ててカードを入れる

かけられる数
1から9までの数字カード

かける数
1から9までの数字カード

❷次に、九九のこたえ表を用意し、取りかかる段のこたえの部分におはじきを置く（目隠しになるものであれば、付箋などでもよい）。

❸はじめに先生が、取りかかる段の数字カードをAの箱の下の枠に置く。

こたえを目隠しする

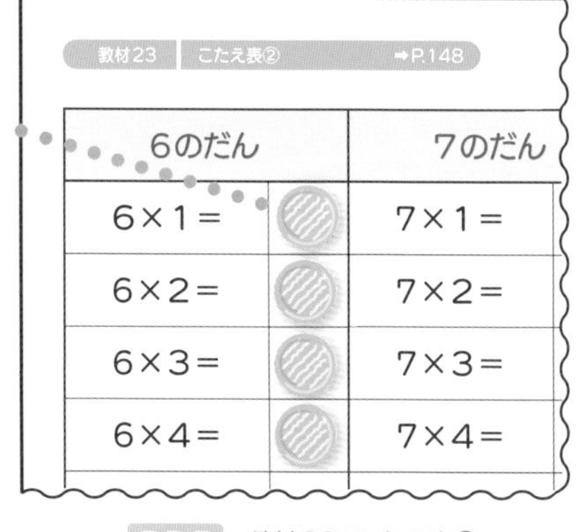
教材23　こたえ表②　➡P.148

6のだん		7のだん
6×1＝		7×1＝
6×2＝		7×2＝
6×3＝		7×3＝
6×4＝		7×4＝

PDF　教材23_こたえ表②

❹子どもはBの箱からカードをひき、A×Bの計算をしてこたえを言う。こたえ表のおはじきを取り、こたえが合っていればおはじきをもらい、数を競うゲーム形式で行う。

慣れてきたらAの箱の数字カードもつかい、複数の段で同様にA×Bの計算をしていく

九九ビンゴゲーム

❶先生は、九九カード（143ページ〈教材21〉）の1つの段のこたえを見せ、子どもはその数字をワークシートの枠の中にランダムに書き込む。

❷次に先生がランダムに式を言い、子どもはそのこたえの数字に印をつけていき、印が縦か横か斜めに3つついたらビンゴとなる。

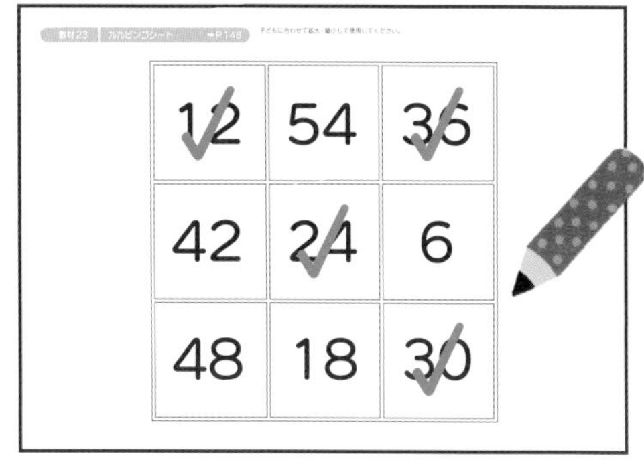

12	54	36
42	24	6
48	18	30

PDF　教材23_九九ビンゴシート

けいさんをして　こたえの　すうじが　かかれている　マスに　いろを　ぬりましょう。

●1×3　●6×7
●1×5　●6×9
●2×2　●7×4
●2×3　●7×5
●3×4　●7×7
●3×5　●7×9
●3×7　●8×4
●3×9　●8×6
●4×4　●8×7
●4×6　●8×9
●5×4　●9×5
●5×5　●9×9
●5×8

55	41	4	72	23	33	17
31	13	15	16	11	5	26
42	63	81	24	12	32	29
35	34	56	48	43	52	65
46	50	6	20	45	47	3
21	25	49	57	27	71	38
54	61	78	80	28	40	37

九九ぬりえ

ワークシートの問題を解き、こたえの数が入っているマスに色を塗っていくと何かの絵ができあがる。

計算のこたえが書かれたマスに色を塗る

PDF　教材23_九九ぬりえ②

数字ボックス／数字カード

Ａ３サイズに拡大して使用してください。
破線の位置で切り取って使用してください。

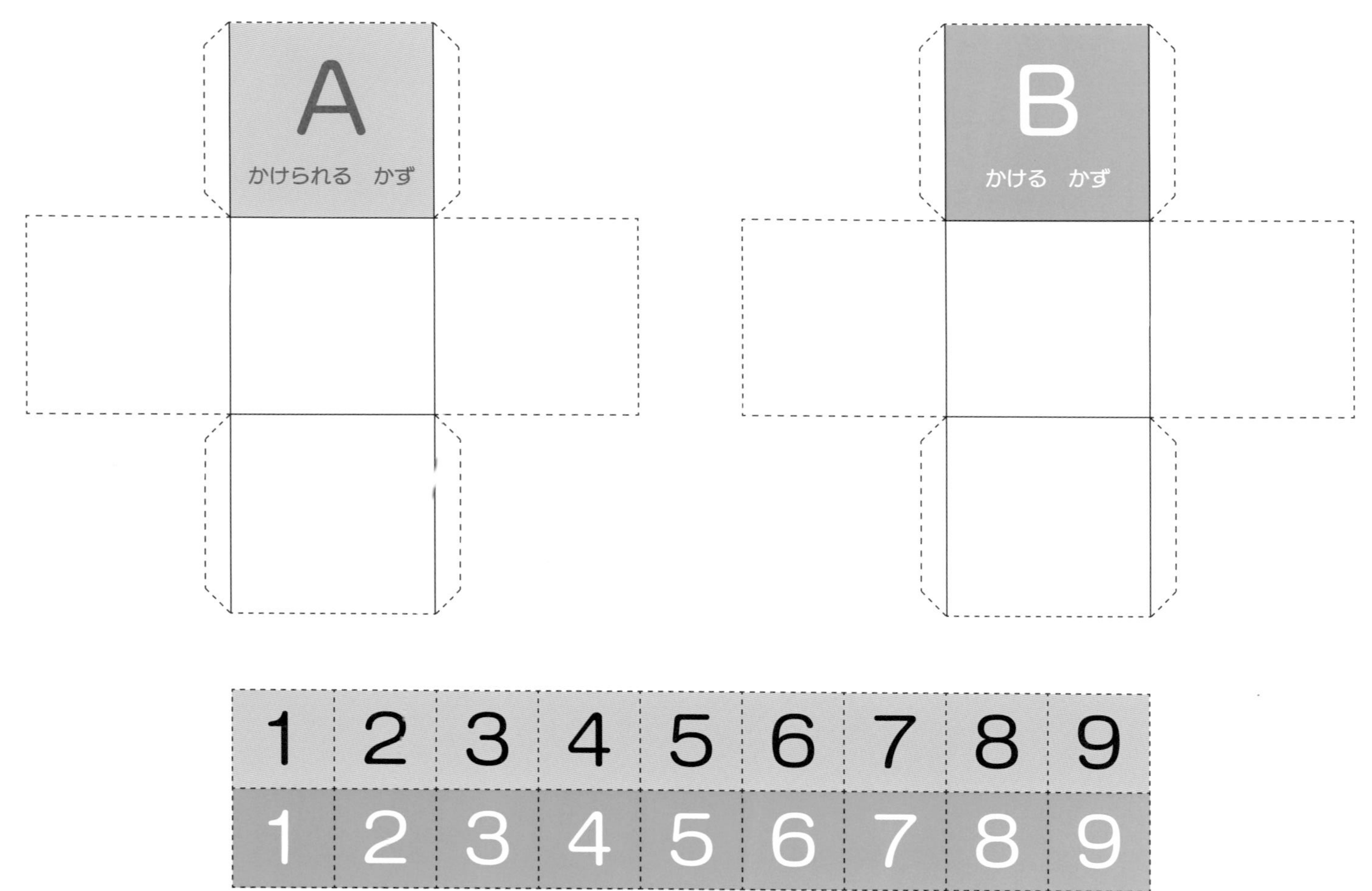

計算シート

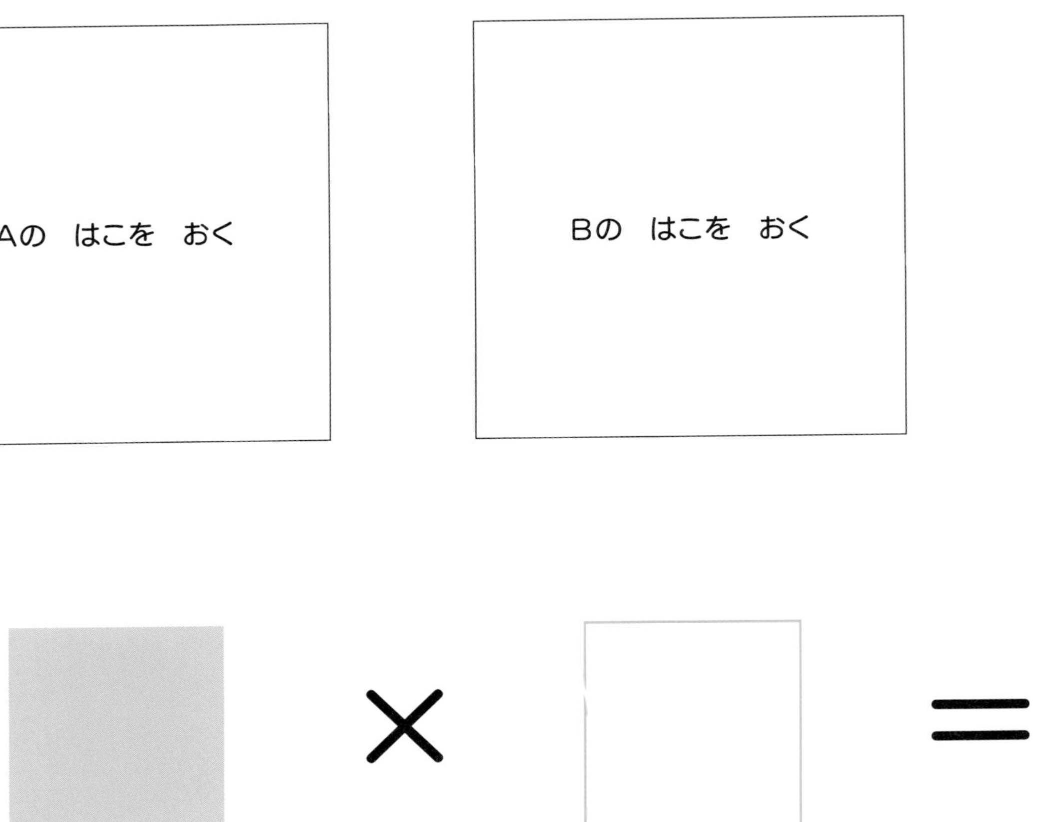

こたえ表

1のだん		2のだん		3のだん		4のだん		5のだん	
1×1＝	1	2×1＝	2	3×1＝	3	4×1＝	4	5×1＝	5
1×2＝	2	2×2＝	4	3×2＝	6	4×2＝	8	5×2＝	10
1×3＝	3	2×3＝	6	3×3＝	9	4×3＝	12	5×3＝	15
1×4＝	4	2×4＝	8	3×4＝	12	4×4＝	16	5×4＝	20
1×5＝	5	2×5＝	10	3×5＝	15	4×5＝	20	5×5＝	25
1×6＝	6	2×6＝	12	3×6＝	18	4×6＝	24	5×6＝	30
1×7＝	7	2×7＝	14	3×7＝	21	4×7＝	28	5×7＝	35
1×8＝	8	2×8＝	16	3×8＝	24	4×8＝	32	5×8＝	40
1×9＝	9	2×9＝	18	3×9＝	27	4×9＝	36	5×9＝	45

こたえ表

6のだん		7のだん		8のだん		9のだん	
6×1＝	6	7×1＝	7	8×1＝	8	9×1＝	9
6×2＝	12	7×2＝	14	8×2＝	16	9×2＝	18
6×3＝	18	7×3＝	21	8×3＝	24	9×3＝	27
6×4＝	24	7×4＝	28	8×4＝	32	9×4＝	36
6×5＝	30	7×5＝	35	8×5＝	40	9×5＝	45
6×6＝	36	7×6＝	42	8×6＝	48	9×6＝	54
6×7＝	42	7×7＝	49	8×7＝	56	9×7＝	63
6×8＝	48	7×8＝	56	8×8＝	64	9×8＝	72
6×9＝	54	7×9＝	63	8×9＝	72	9×9＝	81

九九ビンゴシート

子どもに合わせて拡大・縮小して使用してください。

九九ぬりえ

子どもに合わせて拡大・縮小して使用してください。

● けいさんをして　こたえの　すうじが　かかれている　マスに　いろを　ぬりましょう。

- 1×2
- 1×3
- 2×2
- 2×4
- 3×2
- 3×4
- 3×6
- 3×7
- 4×4
- 4×7
- 4×9
- 5×1
- 5×2
- 5×4
- 5×6
- 6×4
- 6×9
- 7×1
- 7×5
- 7×7
- 8×4
- 8×6
- 9×1
- 9×5
- 9×9

31	18	11	20	31	6	1
56	30	81	35	10	16	72
94	2	7	8	21	54	95
25	51	5	45	49	47	63
9	14	15	28	27	86	3
41	4	29	12	33	36	71
17	78	24	48	32	27	92

かけ算の筆算ができない（2桁×1桁のかけ算）

たとえば？
- かけ算の意味や筆算の手順がわからない
- 位取りが正しくできない　など

こんな支援を！ → **お金をつかい一の位と十の位をそれぞれ計算することを理解させてから筆算の手順を教える**

支援の例

24 かけ算の筆算

1 お金カードをつかって計算の手順を教える

はじめに先生が、お金カード（46ページ〈教材06〉）をつかい、かけ算の筆算では一の位と十の位をそれぞれ計算することを教えながらかけ算のしくみを説明する。

例）先生が提示した式が〈14×3〉の場合

❶「14×3」は、「14円が3つ」として、1円と10円に分けて計算することを説明する。

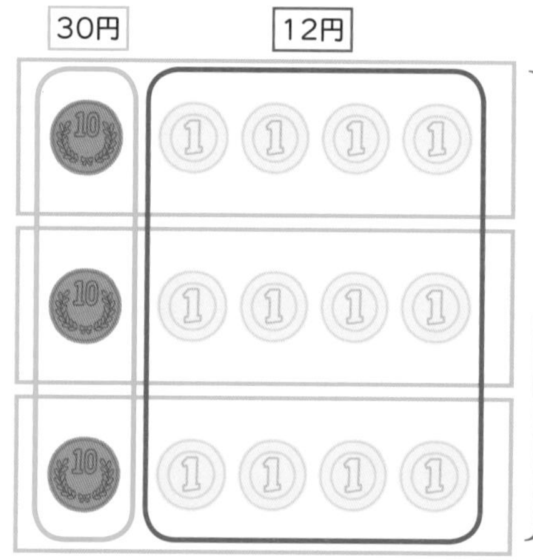

声かけの例

❶まず、1円を計算すると
4円が3枚で
4×3＝12なので　12円

❷次に、10円を計算すると
10円が3枚で
10×3＝30なので　30円

12円と30円は合わせて42円だから
14×3＝42です。

❷お金カードを操作しながら、14は10（十の位）と4（一の位）に分けられるので、14×3は10×3と4×3のこたえをたしたものだということを確認する。

2 同じ考え方で筆算を計算する

お金カードで計算した方法と同じように、ワークシートの計算用のマスをつかって筆算の手順を覚える。ステップ①の計算のしかたが理解できたら、ステップ②の方法で計算の練習をする。

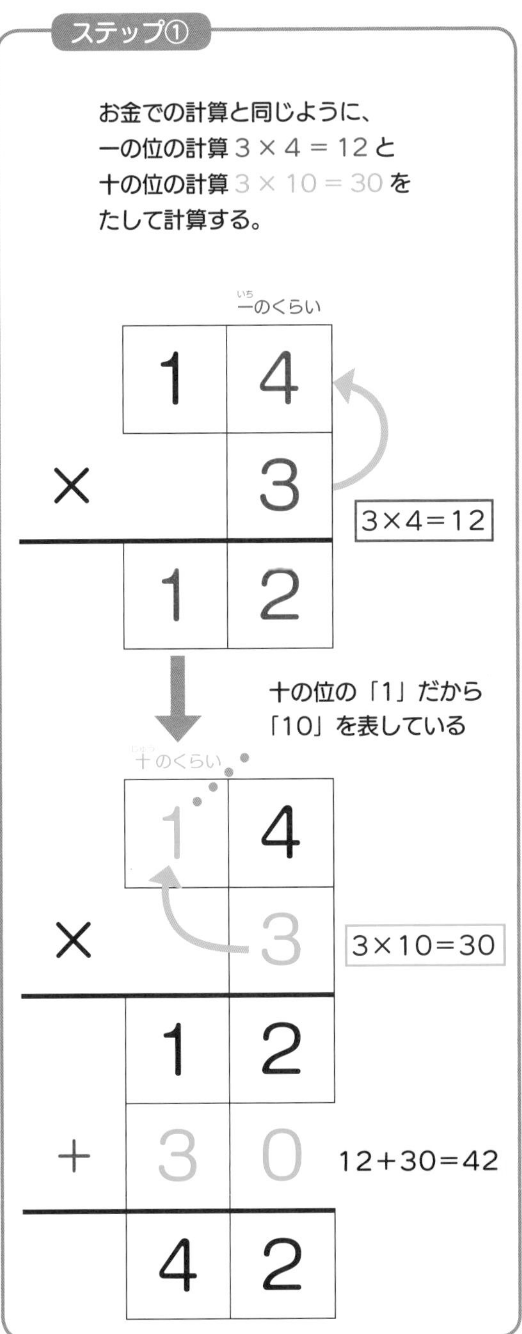

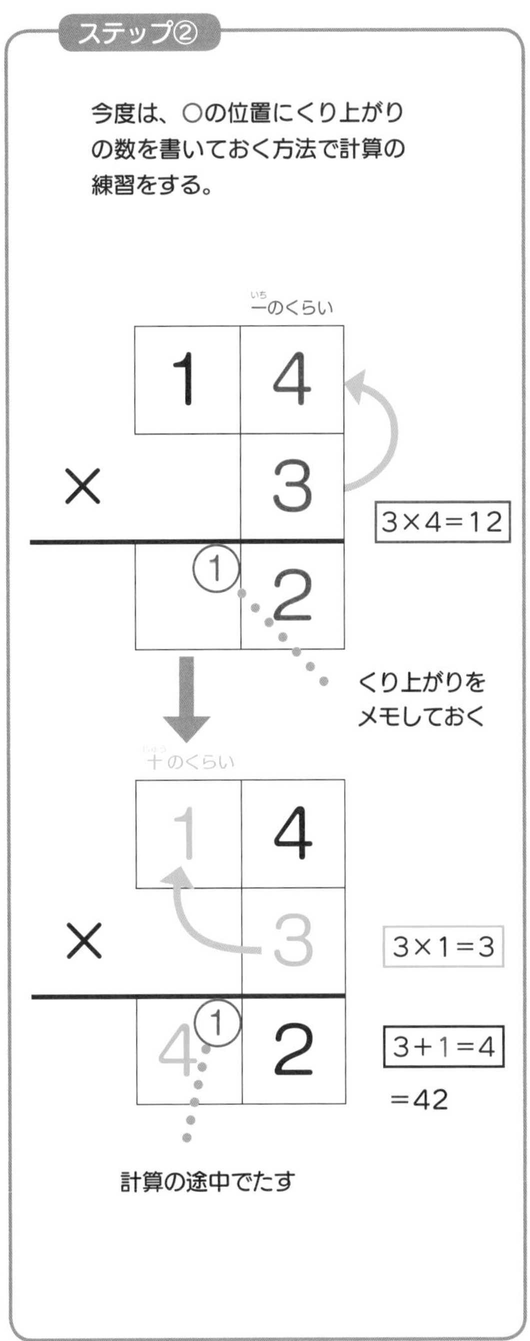

ワークシート

● かけざんをしましょう。

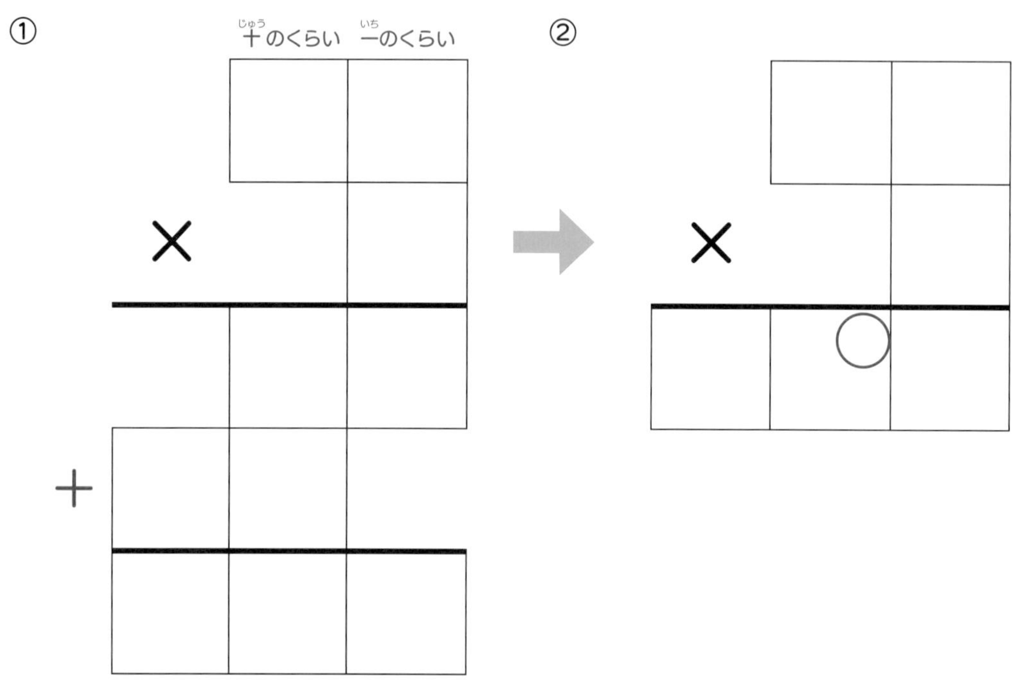

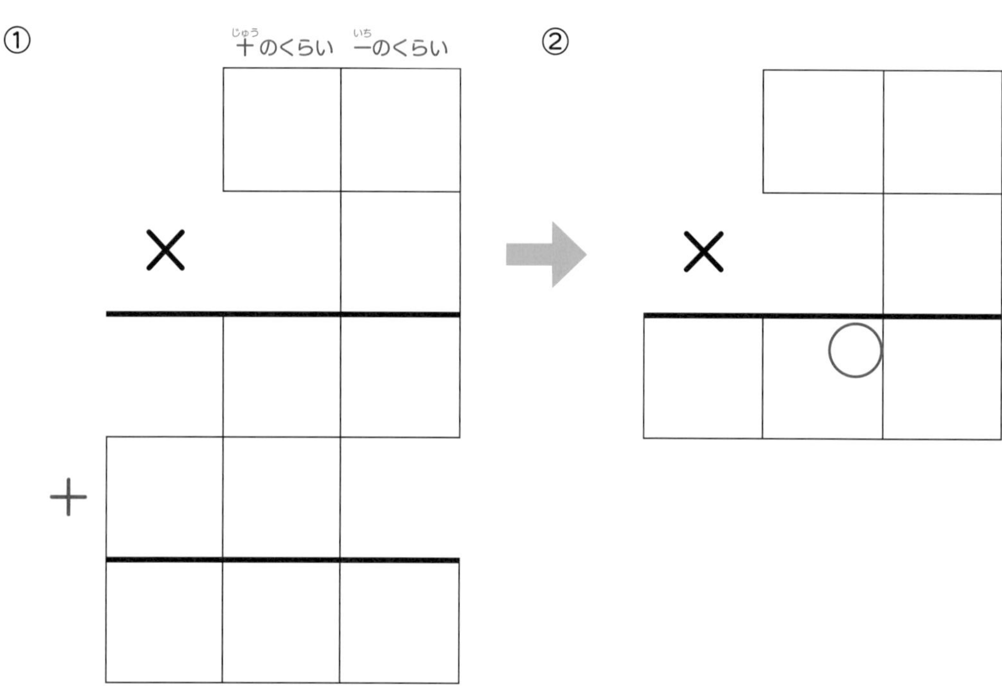

ワークシート

● かけざんをしましょう。

①

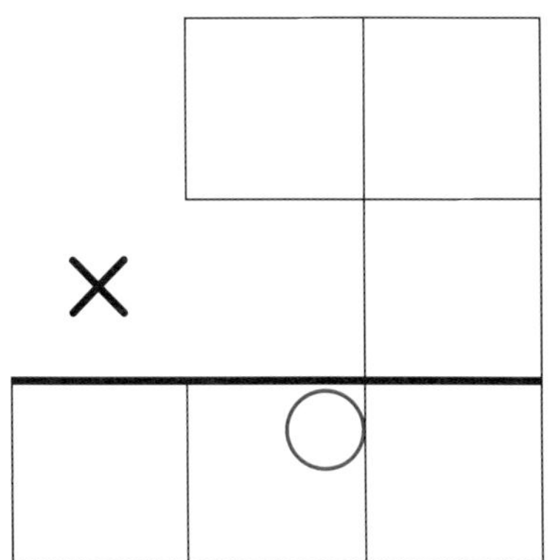

③

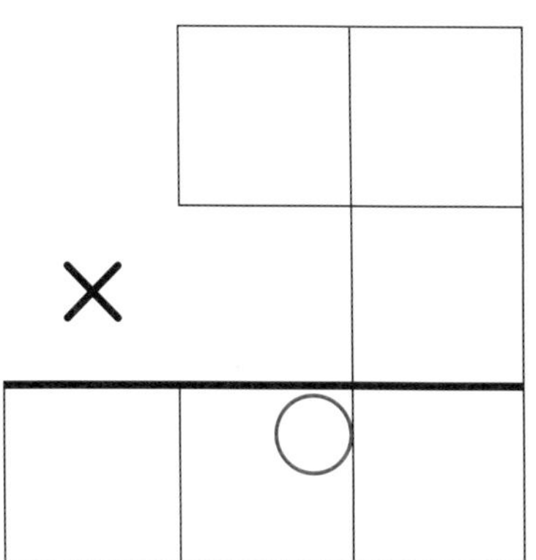

②

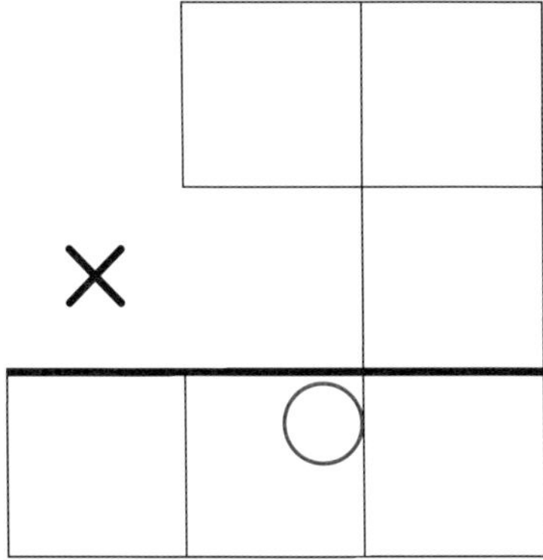

④

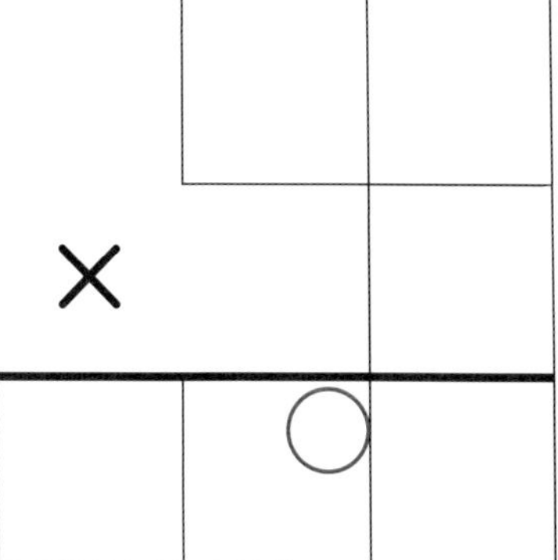

わり算の意味がわからない

たとえば？
- どんな場面でわり算をつかうのか理解していない
- 文章から問題の場面が想像できない　など

こんな支援を！ 

絵カードを操作しながら、わり算の考え方を理解させる

支援の例

25 わり算の意味理解

1 絵カードを切り取る

ワークシートを切り取って絵カードをつくる。

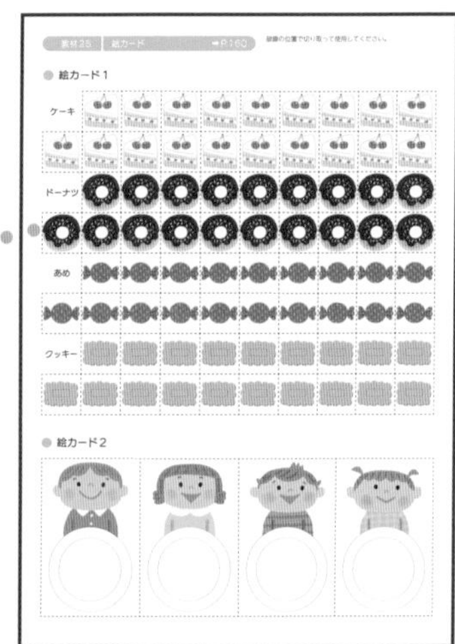

PDF　教材25_絵カード

切り取る

2 ワークシートの問題文に数字やことばを書き込む

次に、ワークシートの問題文の【　】に絵カード１の名前（ドーナツ）と数字を書き込む。子どもは書き込まれた数の絵カードを並べる。

教材25　ワークシート①　➡P.160

【 6 】この〔　ドーナツ　〕を【 3 】にんに
おなじかずずつ　わけます。　ひとりなんこになりますか。

● ぜんぶのかずを　おきましょう。

問題文を読んで聞かせる

子どもは絵カードを並べる

PDF　教材25_ワークシート①

3 絵カードを操作してわり算の意味を理解する

今度は、子どもがお皿を持っている絵カード２を並べさせ、ドーナツを同じ数ずつ分けるように促す。このとき、同じ数ずつものを分けるときは、わり算で計算することを説明する。

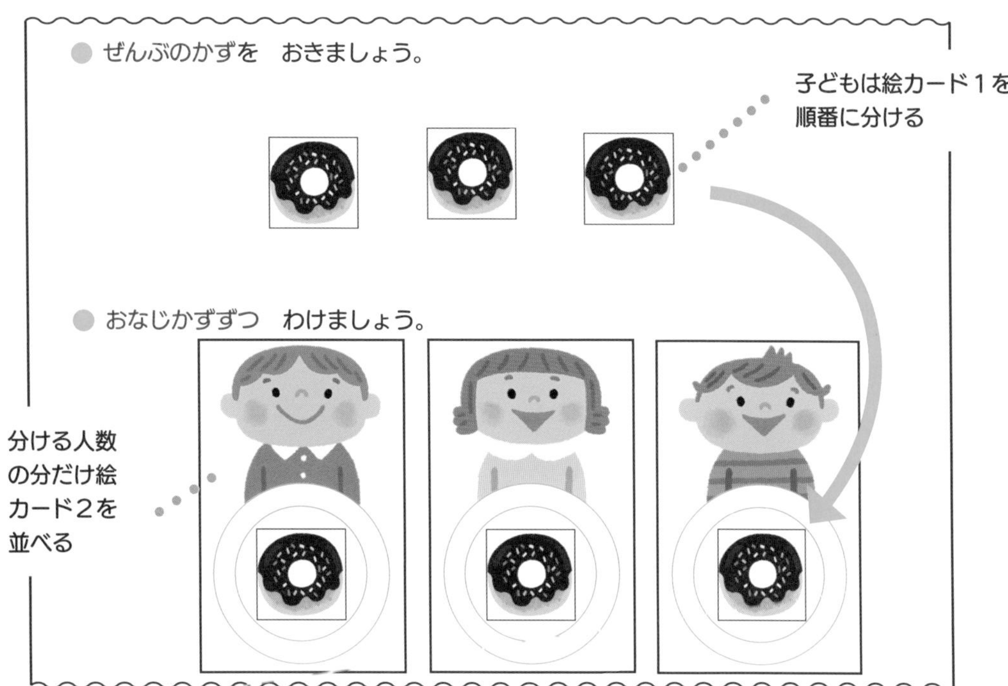

4 わり算の式にする

❶操作した絵カードを見ながら、式に数字を書き込む。慣れるまでは先生が口頭で説明しながら行わせる。

❷「ぜんぶのかず÷ひとりぶんのかず＝なんにんぶん」の場合や、あまりが出る場合なども設定し、意味が理解できるまでくり返し練習する。

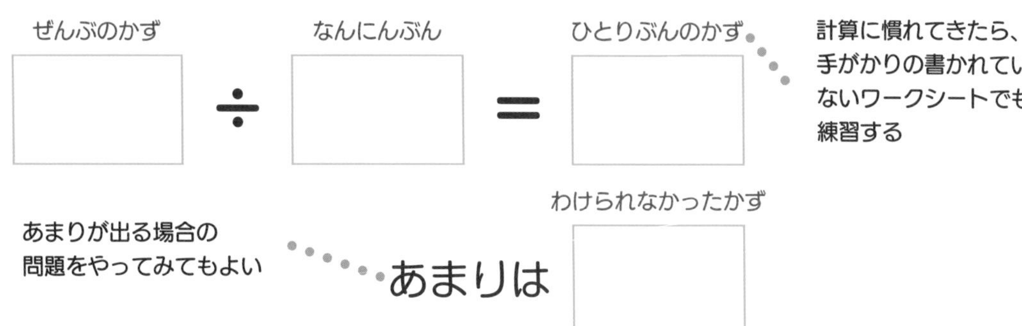

絵カード

破線の位置で切り取って使用してください。

● 絵カード1

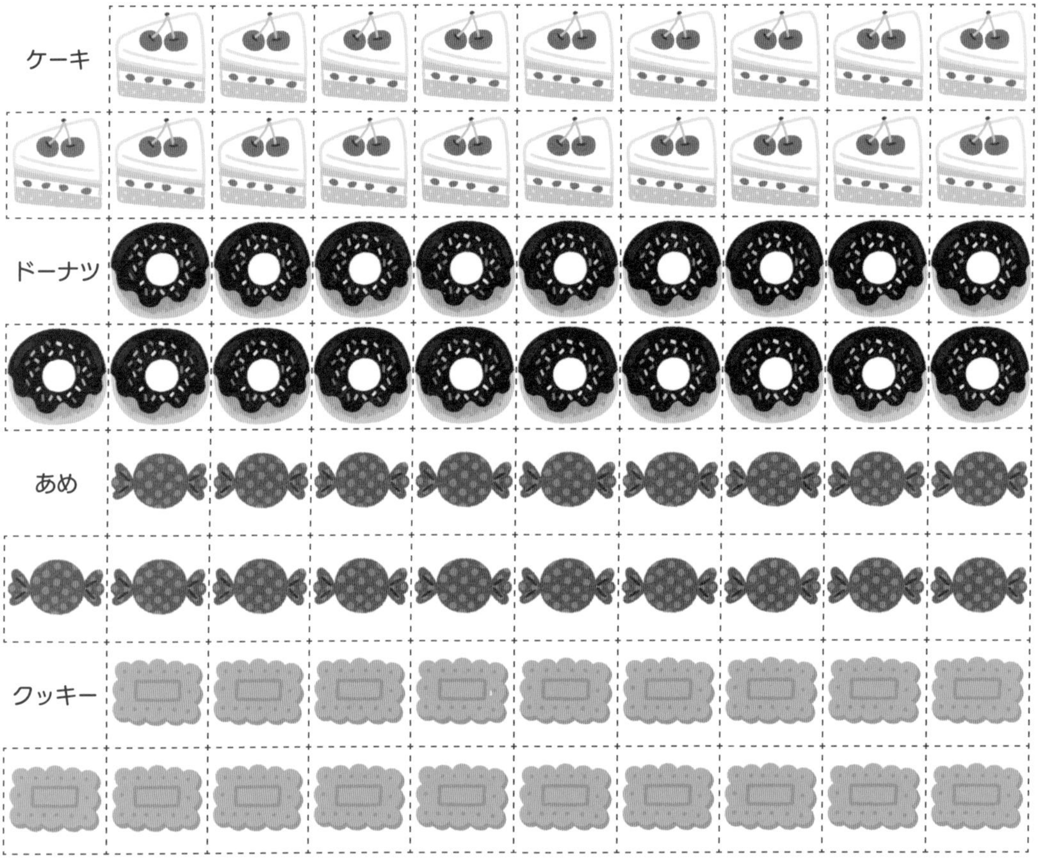

ケーキ

ドーナツ

あめ

クッキー

● 絵カード2

ワークシート

【　　】この〔　　　　　　　　　　　　〕を【　　】にんに
おなじかずずつ　わけます。 ひとりなんこになりますか。

● ぜんぶのかずを　おきましょう。

● おなじかずずつ　わけましょう。

● わりざんの　しきにしましょう。

ぜんぶのかず　□　÷　なんにんぶん　□　＝　ひとりぶんのかず　□

わけられなかったかず

あまりは　□

ワークシート

【　　】この〔　　　　　　　　　　　　　　〕を【　　】にんに
おなじかずずつ　わけます。　ひとりなんこになりますか。

● ぜんぶのかずを　おきましょう。

● おなじかずずつ　わけましょう。

● わりざんの　しきにしましょう。

あまりは

ワークシート

【　　】この〔　　　　　　　　　　　〕を　ひとり【　　】こずつ
わけます。　なんにんに　わけられますか。

● ぜんぶのかずを　おきましょう。

●【　　　】こずつ　わけましょう。

● わりざんの　しきにしましょう。

ぜんぶのかず		ひとりぶんのかず		なんにんぶん
□	÷	□	＝	□

わけられなかったかず

あまりは □

わり算の筆算ができない①

◎ わり算の意味がわからない
◎ 筆算の手順がわからない　など

こんな支援を!  **絵カードの操作と式を対応させ、わり算の意味と筆算の手順をイメージさせる**

支援の例

26 わり算の筆算①

1 ワークシートの問題文に数字を書き込む

先生は、ワークシートの問題文の【　】に数字を書き込み、おなじ金額のお金のカード（46ページ〈教材06〉）を子どもに並べさせる。次に、横の筆算用のマスにも同じように式を書き込む。

例）先生が提示した式が〈42÷3〉の場合  42は「わられる数」　3は「わる数」

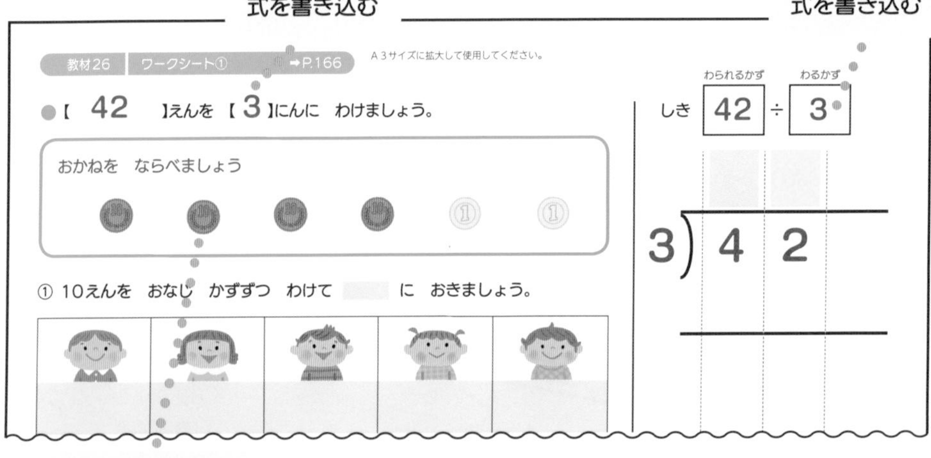

PDF 教材26_ワークシート①

2 お金カードを操作しながら筆算の流れを確かめる

お金42円を3人に分ける

筆算で42÷3を計算する

❶10円を同じ数ずつ3人に分けると1人1枚になる。

十の位に1と書いて計算する。

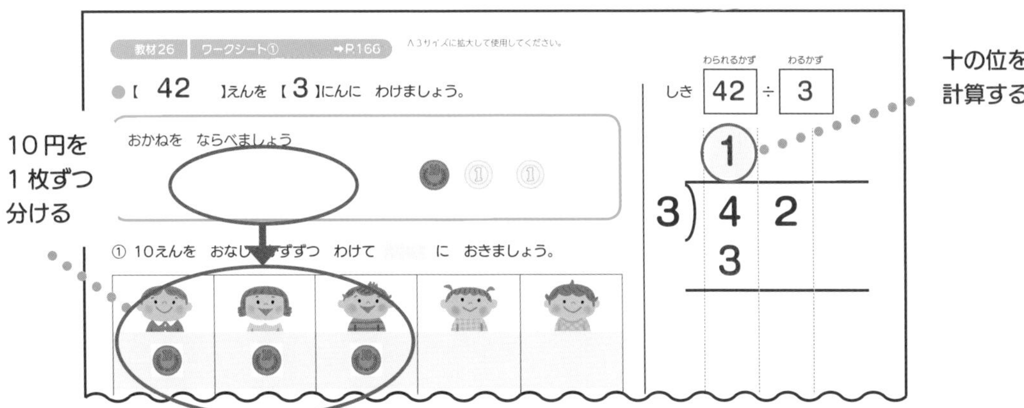

❷残りの12円を分けるため、すべて1円にかえて同じ数ずつ分けると、1人4円になる。

一の位に4と書いて計算する。

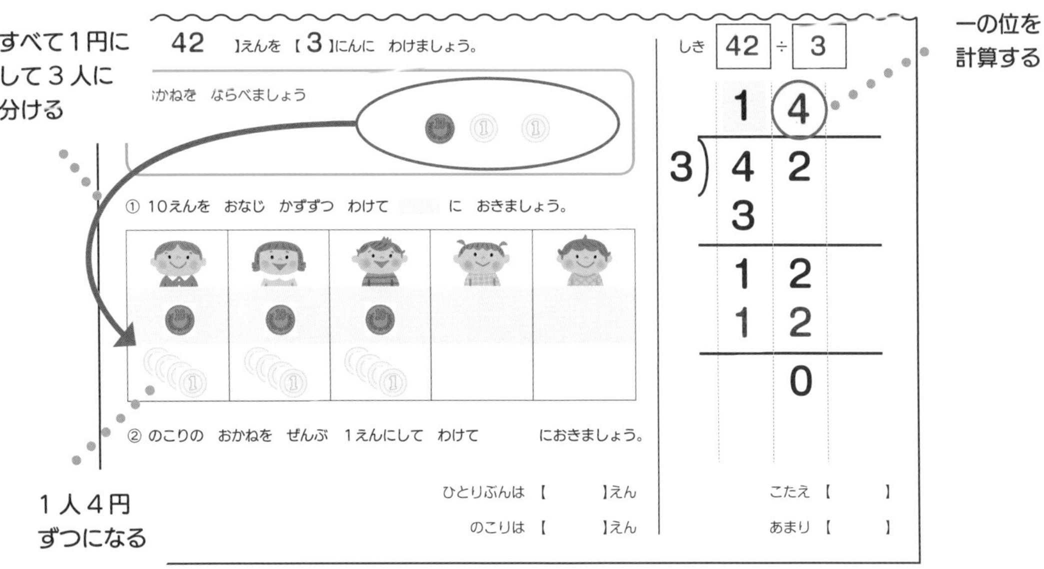

❸すべてのお金を分けると、1人分は14円になる。

筆算のこたえは14になる。

3 ワークシートに取り組む

ワークシートをつかって、いろいろなパターンのわり算の筆算を練習する。

ワークシート

A３サイズに拡大して使用してください。

●【　　　　】えんを【　　】にんに　わけましょう。

おかねを　ならべましょう

① 10えんを　おなじ　かずずつ　わけて　　に　おきましょう。

② のこりの　おかねを　ぜんぶ　１えんにして　わけて　　におきましょう。

ひとりぶんは【　　　】えん

のこりは【　　　】えん

しき　わられるかず □ ÷ わるかず □

こたえ【　　　】

あまり【　　　】

ワークシート

Ａ３サイズに拡大して使用してください。

●【　　　　　】えんを　【　　】にんに　わけましょう。

おかねを　ならべましょう

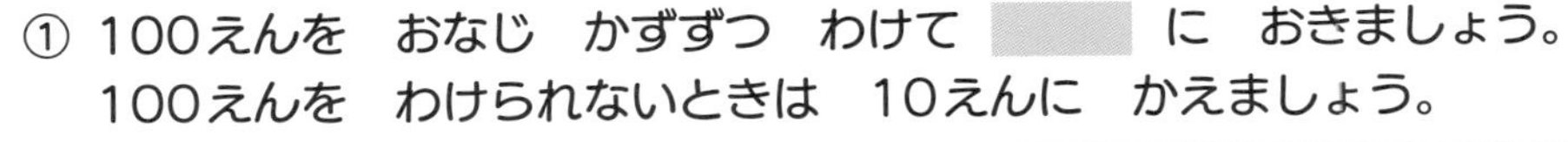

① 100えんを　おなじ　かずずつ　わけて　　　　に　おきましょう。
100えんを　わけられないときは　10えんに　かえましょう。

② 10えんずつ　わけて　　　　に　おきましょう。

③ のこりの　おかねを　ぜんぶ　1えんにして　わけて　　　　に　おきましょう。

ひとりぶんは　【　　　　】えん

のこりは　【　　　　】えん

しき

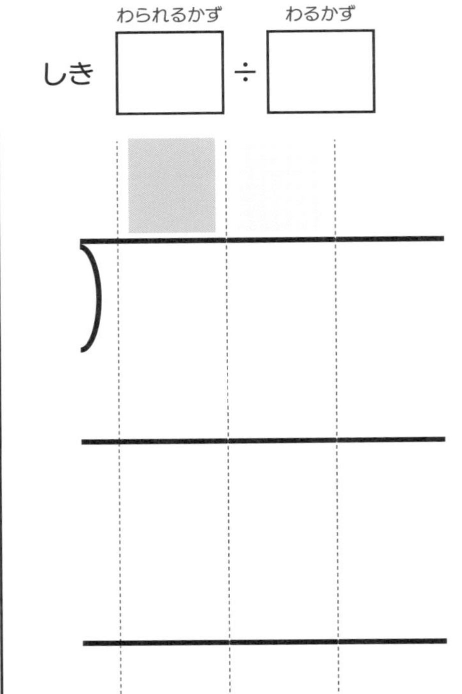

こたえ　【　　　　】

あまり　【　　　　】

わり算の筆算ができない②

たとえば？
- わり算のしくみや筆算の手順がわからない
- 位取りが正しくできなかったり桁がずれたりする
- 九九をつかって商を立てることができない　など

こんな支援を！ → 筆算用のマスをつかい「たてる」「かける」「ひく」「おろす」の手順を教える

支援の例

27 わり算の筆算②

1 わり算の筆算の手順「たてる」「かける」「ひく」「おろす」を説明する

❶わり算の筆算のキーワードとなる、「たてる」「かける」「ひく」「おろす」を示しながら、ひとつひとつ計算の手順を説明する。

❷子どもは説明を聞きながら、先生と同じように計算マスに数字を書き込む。

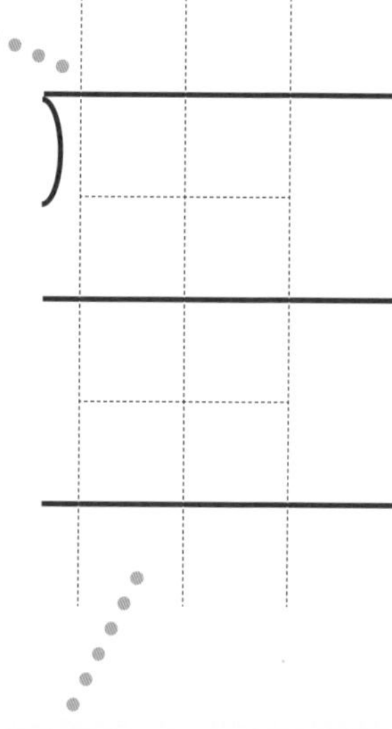

筆算用の計算マス

十の位と一の位の計算を書く位置が視覚的にわかりやすく、桁がずれにくい

〈キーワード〉
たてる
↓
かける
↓
ひく
↓
おろす

手順をていねいに説明する

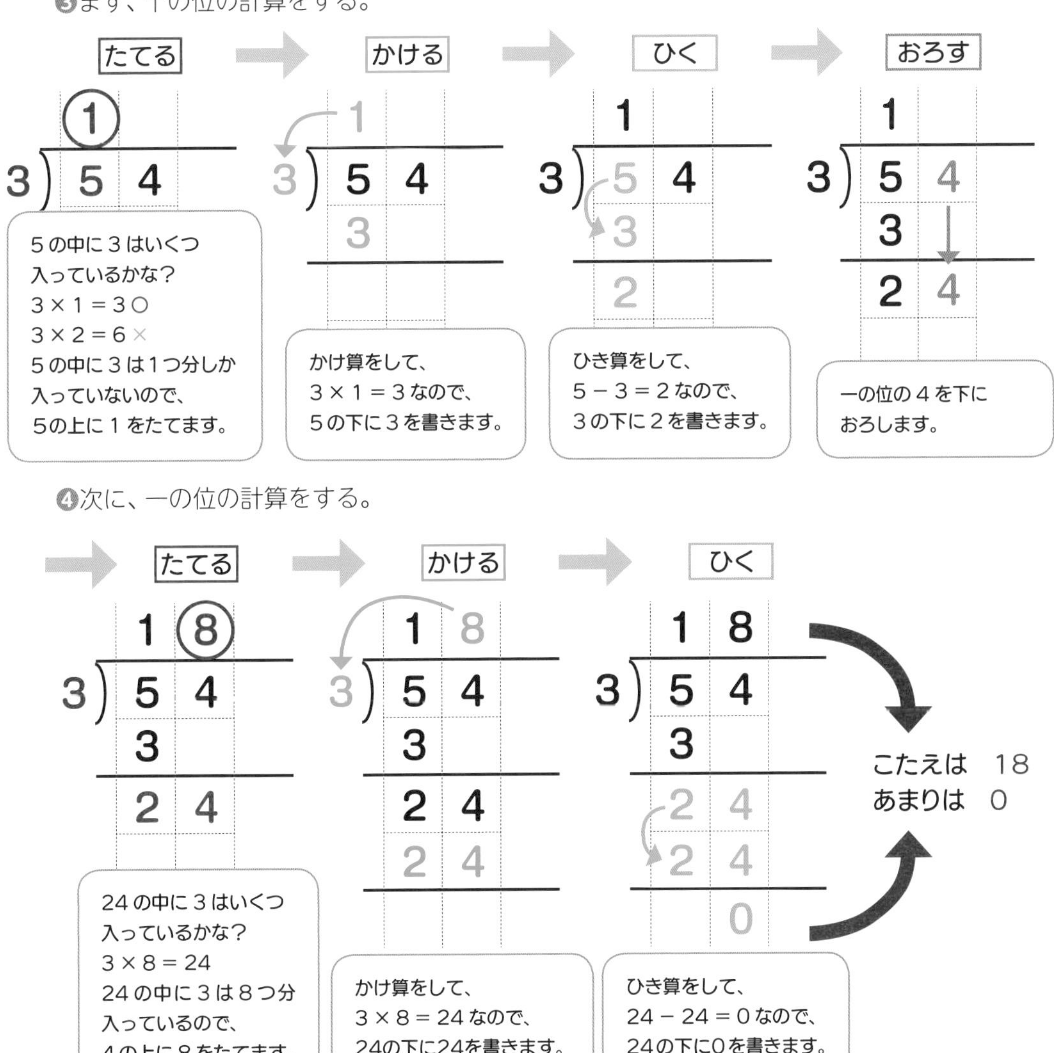

2 子どもが問題を解く

先生が「たてる」「かける」「ひく」「おろす」の手順を示して導きながら、子どもが問題を解く。解き終わったら、計算した手順を振り返って確認し、次の問題へ進む。

Point

- 九九が定着していない場合、すぐに商を立てることができないので、一緒に九九表（142ページ〈教材22〉）を確認しながら商として何を立てたらよいか決めていきます。

ワークシート

● わりざんをしましょう。

①

②

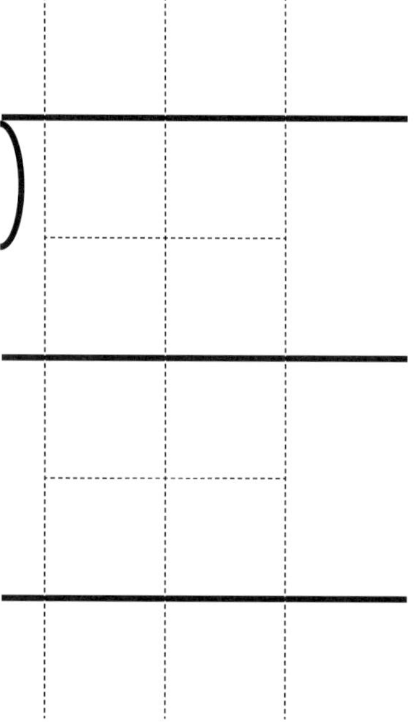

③

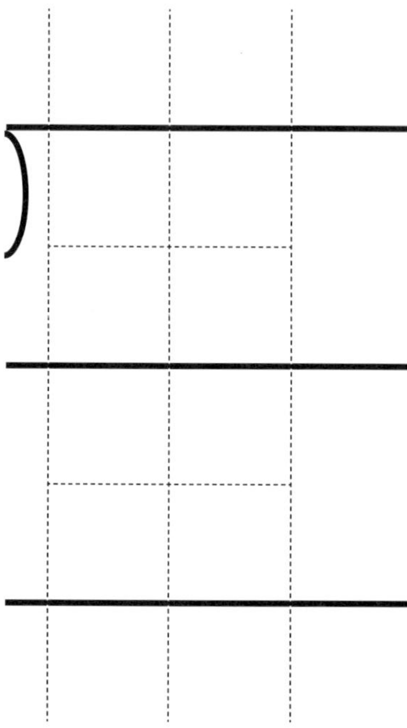

④

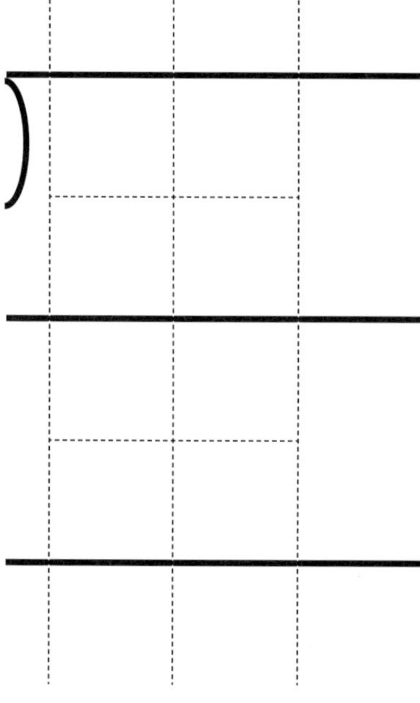

わりざんの　ひっさんの　じゅんばん

① たてる　わられるかず　に　わるかず　は　いくつ　はいっているか　かく

② かける　かけざん　をする

③ ひ　く　ひきざん　をする

④ おろす　そのまま　したに　おろす

$$3 \overline{)\ 5\ 4}$$

わる　かず

わられる　かず

つまずき 28

数直線を読むことが苦手

たとえば？ 数直線が数を表していることはわかるが、１めもりがどれだけを表しているのかが読みとれない　など

こんな支援を！  いろいろな数直線を比較しながら読みとる練習をする

支援の例

  28

28 数直線

10を表す数直線で、１めもりが１の場合、２の場合、５の場合の読み方を確認しながら、１めもりが必ずしも１ではないことや、その数直線の１めもりがいくつを表しているのかを教えていきます。

1 数直線を読みとるためにウォーミングアップをする

はじめに、ウォーミングアップとして数直線のめもりを読みとるために「２飛び」「５飛び」の読み方を確認する。

- 九九の２の段をイメージして、２、４、６、８、10（にー、しー、ろー、やー、とー）と２飛びの数を唱えることに慣れさせる。
- ５の段も同じように、５、10、15、20（ごー、じゅう、じゅうご、にじゅう）と５飛びの数を唱えさせる。
- ２飛び、５飛びを100玉そろばんの玉を移動させながら唱えてみる。

2 数直線のめもりを確認する

❶ワークシートを見て、数直線の1めもりが表す数を確認する。

❷次に、ところどころ抜けているめもりに数字を書き込む。

❸1めもりが1の場合、2の場合、5の場合についても、同じようにやってみる。

3 いろいろな数直線を読む練習をする

大きな数を表す数直線のめもりや、1の半分の数を表す数直線のめもりなどを考えるワークシートに取り組んでいく。

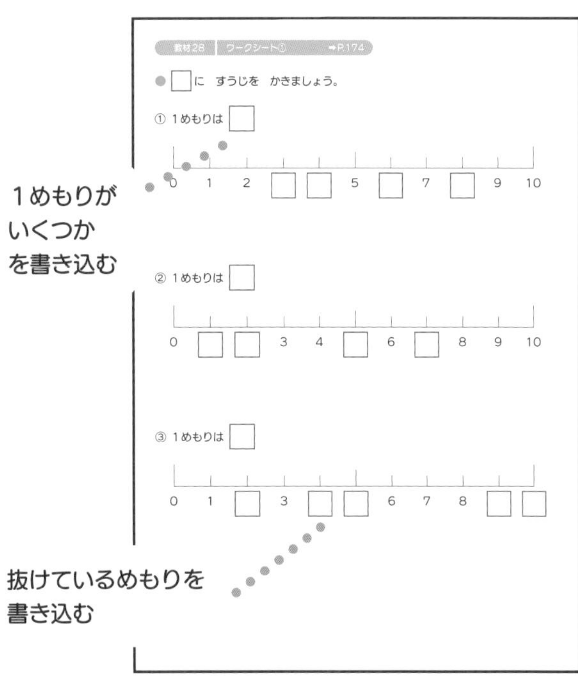

PDF 教材28_ワークシート①

何等分に分かれているかを読みとる

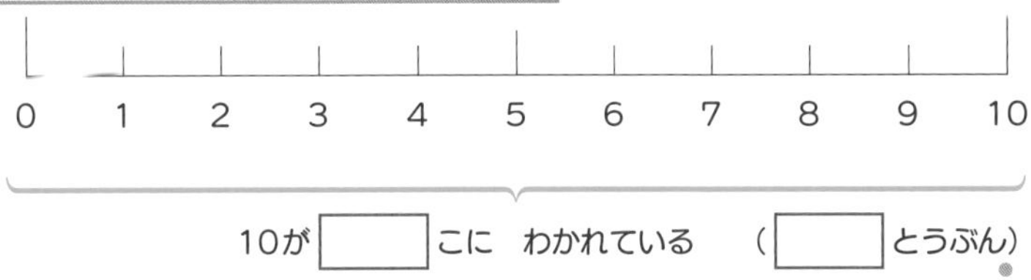

いろいろなパターンの数直線を読む練習をする

大きな数のめもりを読みとる

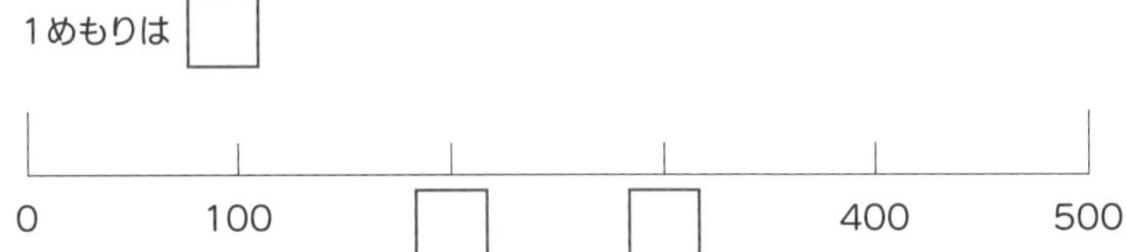

1の半分の位置にあるめもりを読みとる

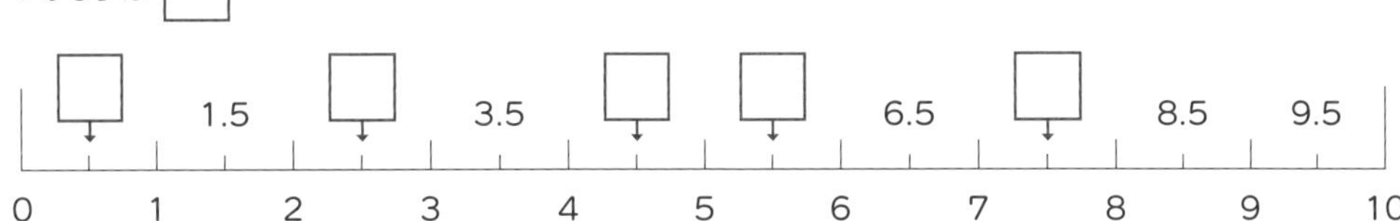

PART2 数直線

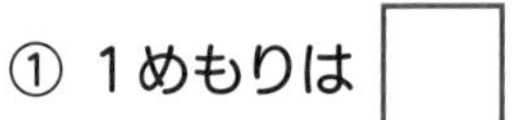

● □に　すうじを　かきましょう。

① 1めもりは □

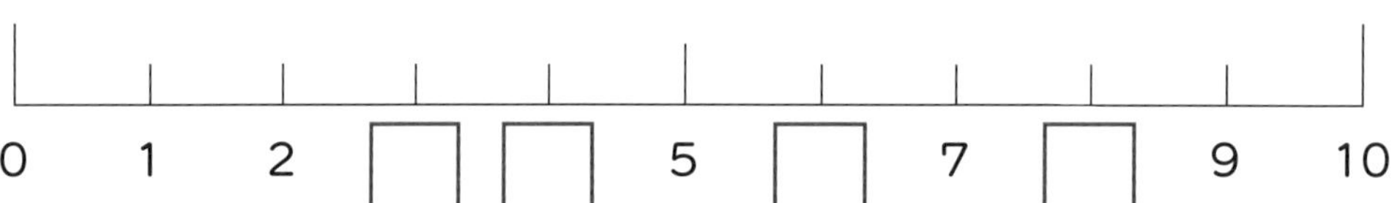

② 1めもりは □

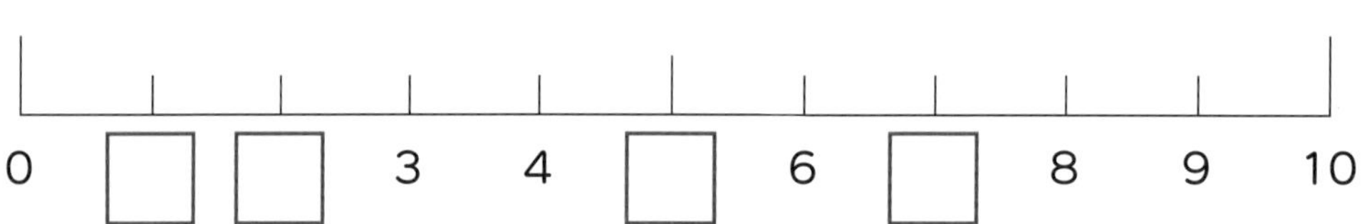

③ 1めもりは □

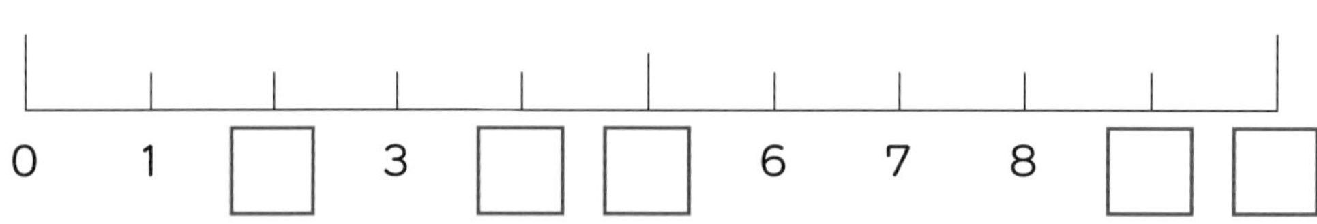

ワークシート

● □に　すうじを　かきましょう。

① 1めもりは □

② 1めもりは □

③ 1めもりは □

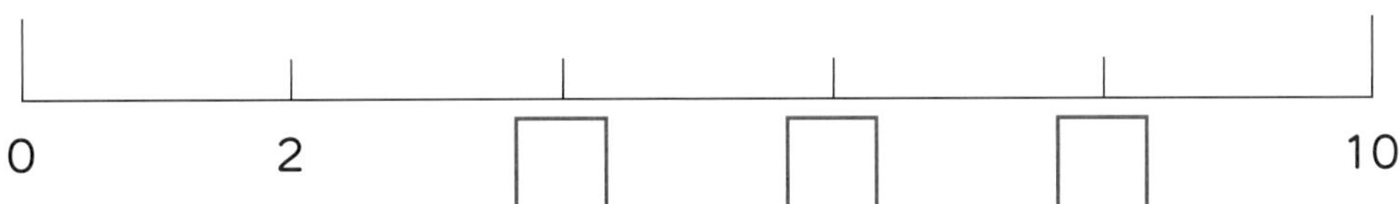

ワークシート

● □に　すうじを　かきましょう。

① 1めもりは □

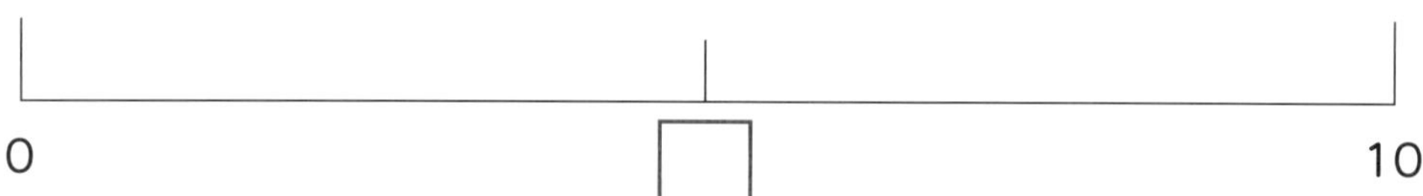

② 1めもりは □

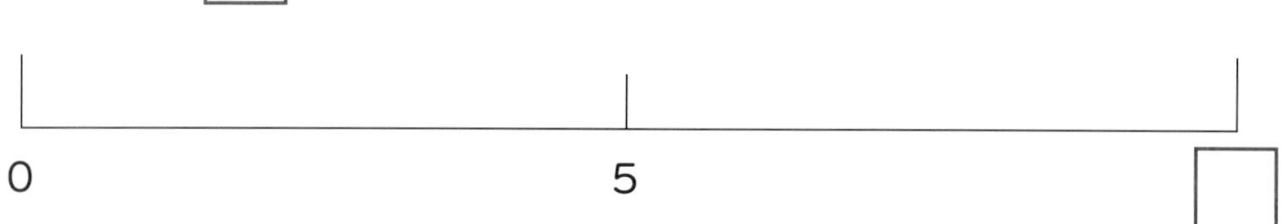

③ 1めもりは □

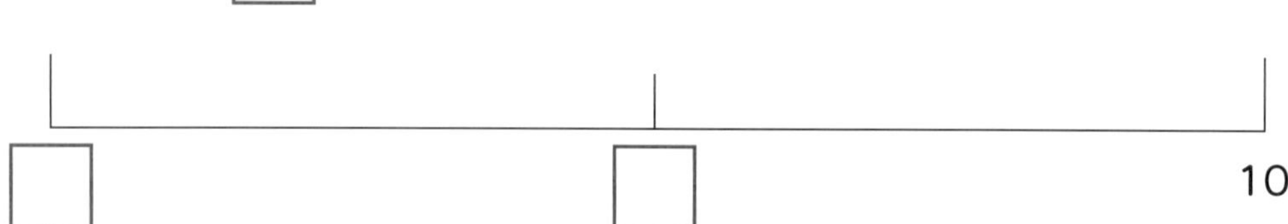

ワークシート

● 1の　はんぶんの　かずを　よみましょう。

① 1めもりは 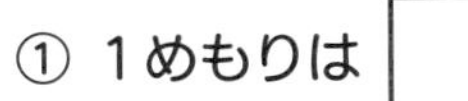

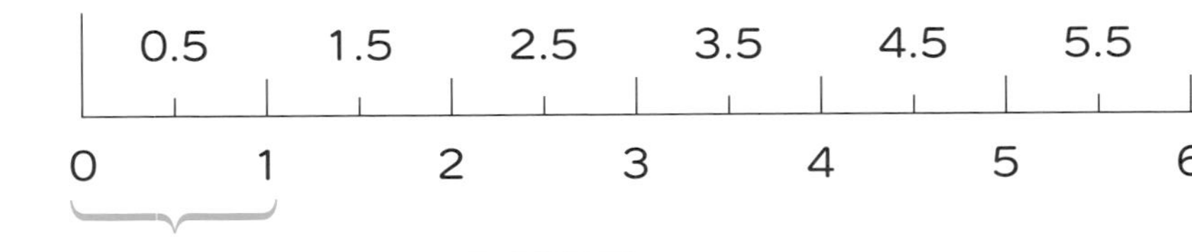

② 3.5　と　7.5　の　いちに　○を　つけましょう。

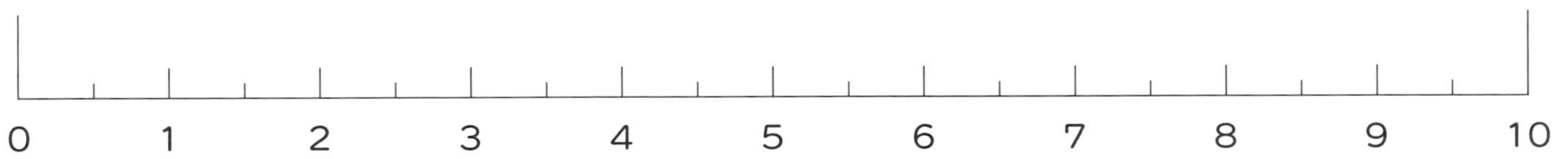

分数の意味がわからない

- 1の半分は2分の1だとわかるが、2分の1を2つ集めると何になるかわからない
- 5分の2と5分の4では、どちらが大きいかわからない　　など

こんな支援を!  **整数では表せない端数は分数で表せることを視覚的に理解させる**

支援の例

29 分数の意味理解

1 分数の表し方を確認する

❶先生は、数字カードと等分カードを切り取り、ワークシートの皿の上にピザを2等分した絵カードを乗せて、これは1枚のピザを同じ大きさで2つに分けたものの1つだということを説明する。

切り取る

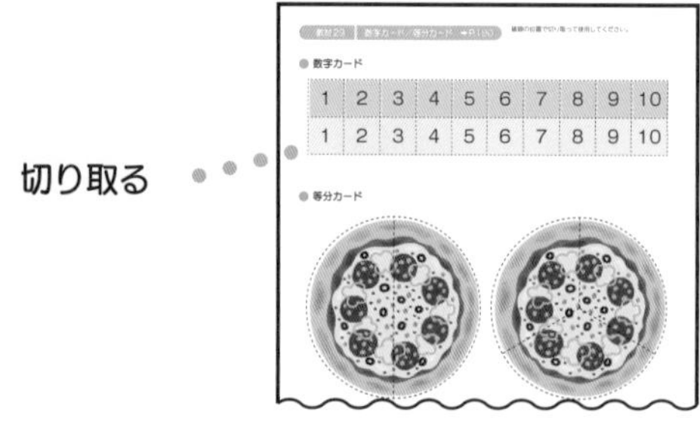

PDF　教材29_数字カード／等分カード

❷次に、「同じ大きさを2つに分けた1つ分なので」と説明しながら、ワークシートの四角い枠のなかに数字カードを置く。

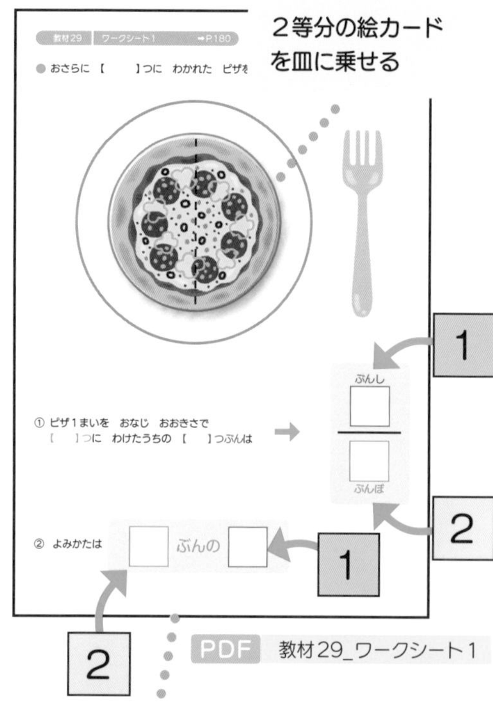

PDF　教材29_ワークシート1

ほかの等分カードもつかい、分子・分母をかえながら確認する

❸このとき、これは分数といって $\frac{1}{2}$ （にぶんのいち） と読み、上の数字は分子、下の数字は分母と呼ぶことを教える。

2 分母が同じ分数の大きさを比べる

分数の表し方を確認したら、今度は分母が同じ数どうしの分数で、大きさの違いを確認するワークシートに取り組む。このとき、分子と分母が同じになると、「1」となることも教える。

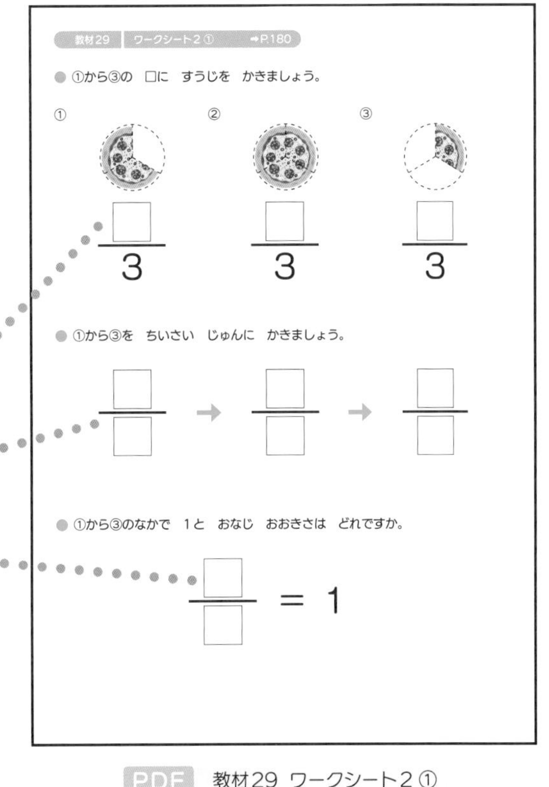
教材29 ワークシート2① ➡P.180

● ①から③の □に すうじを かきましょう。

① $\frac{□}{3}$ ② $\frac{□}{3}$ ③ $\frac{□}{3}$

● ①から③を ちいさい じゅんに かきましょう。

$\frac{□}{□}$ → $\frac{□}{□}$ → $\frac{□}{□}$

● ①から③のなかで 1と おなじ おおきさは どれですか。

$\frac{□}{□} = 1$

絵を見ながら分子を考えて数字を書き込む

分数を小さい順で並べかえる

1と同じ意味を表す分数を考える

PDF 教材29_ワークシート2①

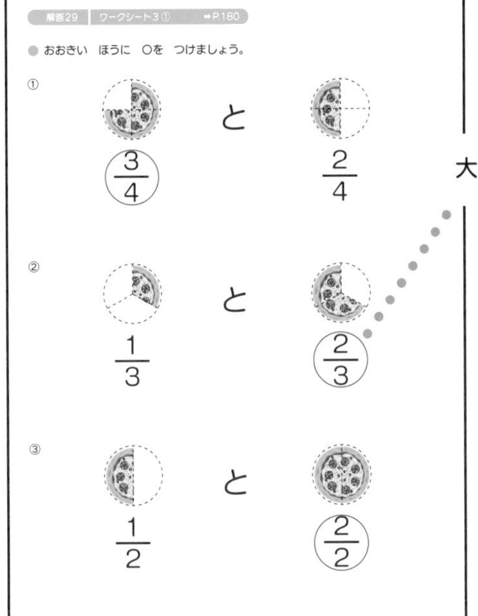
解答29 ワークシート3① ➡P.180

● おおきい ほうに ○を つけましょう。

① $\frac{3}{4}$（○） と $\frac{2}{4}$

② $\frac{1}{3}$ と $\frac{2}{3}$（○）

③ $\frac{1}{2}$ と $\frac{2}{2}$（○）

大きいほうに○をつける

PDF 教材29_ワークシート3①

Point

● 分子が同じ「1」の場合は、分母の数が大きくなるほど、分数の大きさは小さくなることも教えていきます。

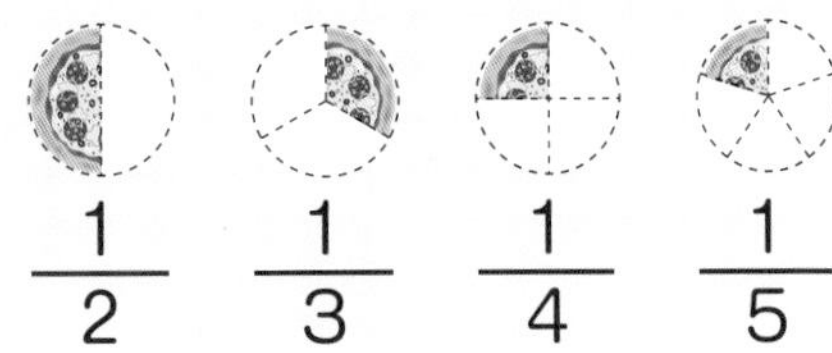

数字カード／等分カード

破線の位置で切り取って使用してください。

数字カード

1	2	3	4	5	6	7	8	9	10
1	2	3	4	5	6	7	8	9	10

等分カード

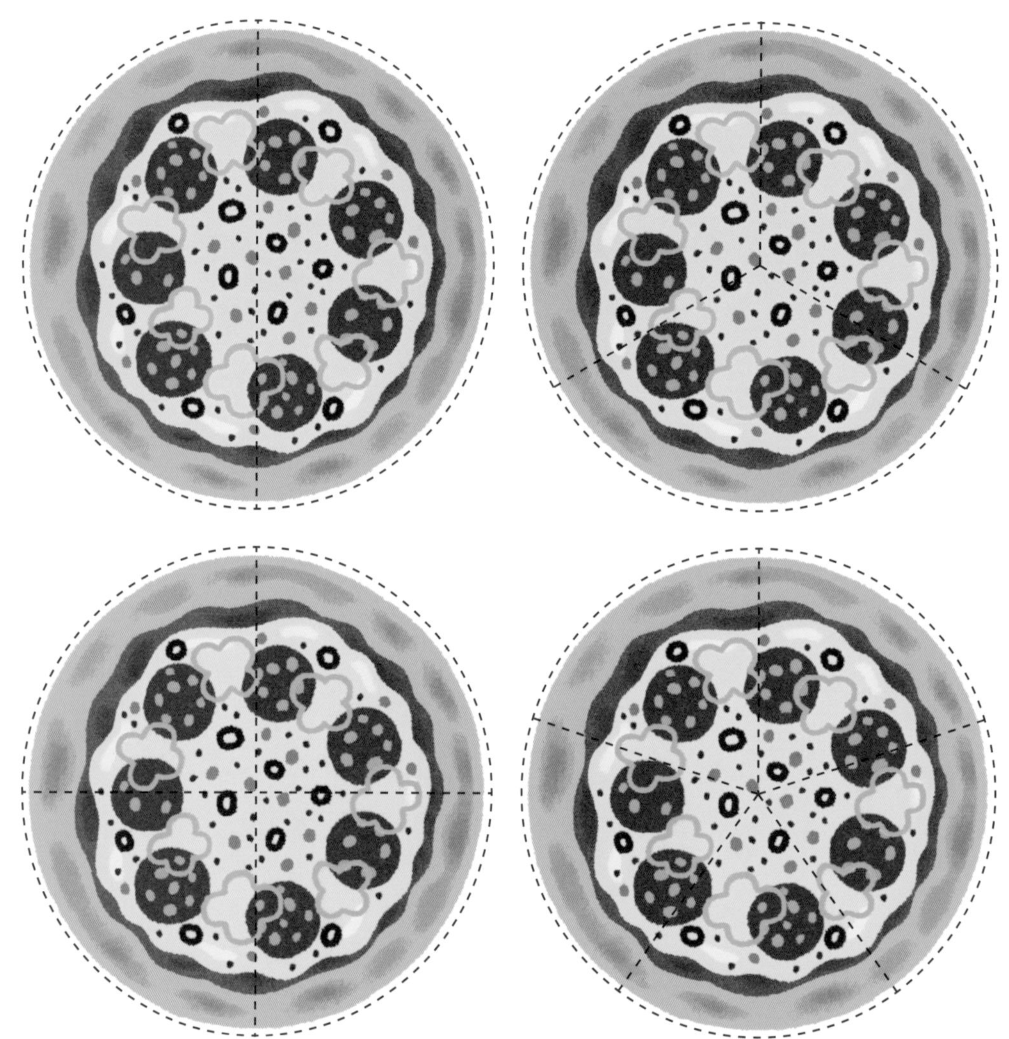

ワークシート

● おさらに 【　　　】つに　わかれた　ピザを　のせましょう。

ぶんし

① ピザ１まいを　おなじ　おおきさで
【　　】つに　わけたうちの 【　　】つぶんは

ぶんぼ

② よみかたは  ぶんの 

ワークシート

● ①から③の　□に　すうじを　かきましょう。

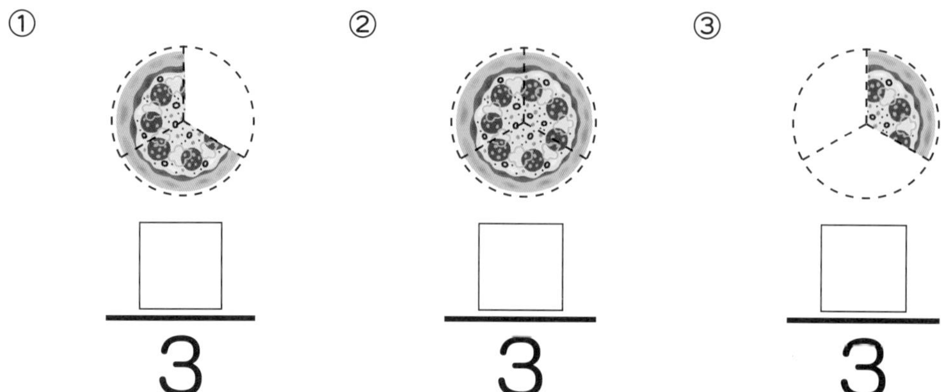

● ①から③を　ちいさい　じゅんに　かきましょう。

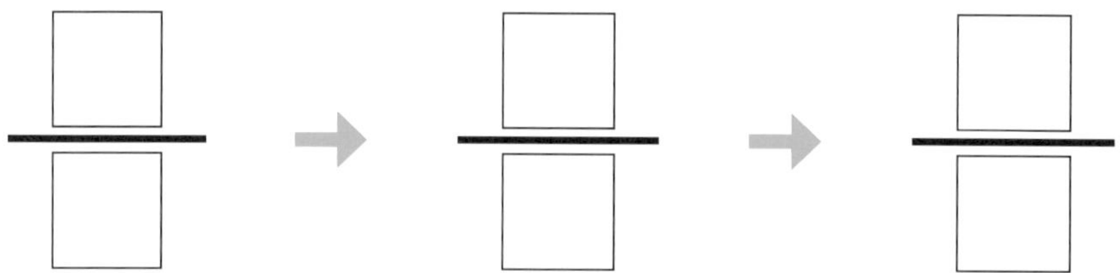

● ①から③のなかで　1と　おなじ　おおきさは　どれですか。

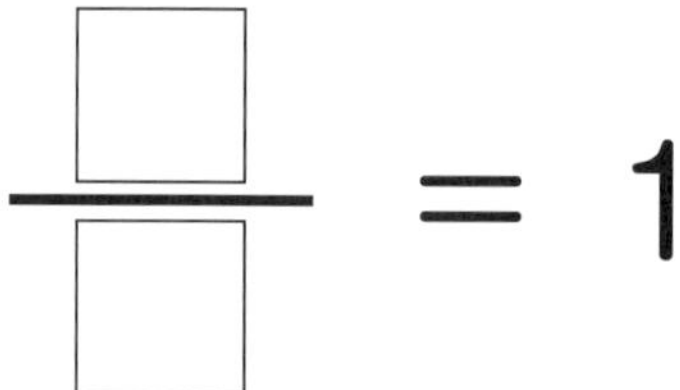

ワークシート

● おおきい　ほうに　○を　つけましょう。

①

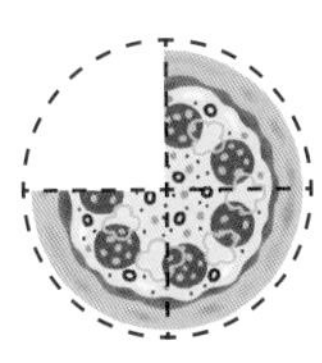

と

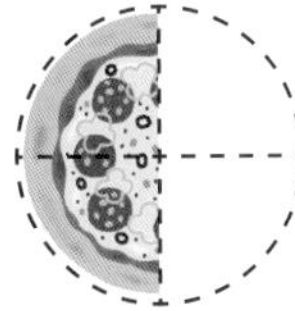

$\frac{3}{4}$　　$\frac{2}{4}$

②

と

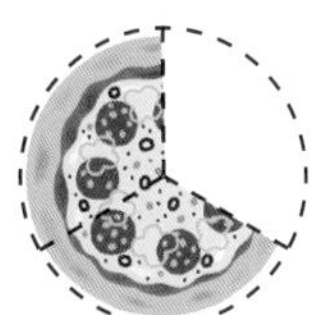

$\frac{1}{3}$　　$\frac{2}{3}$

③

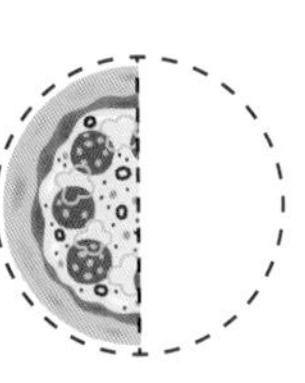

と

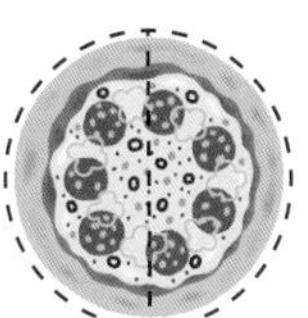

$\frac{1}{2}$　　$\frac{2}{2}$

単位が覚えられない（重さ）

たとえば？
- りんご1個の重さを問われたときに、1kgなどとこたえてしまう
- 2.7 kgをgで表すとどれだけになるか問われたときに、270g などとこたえてしまう
- 単位が表す大きさの違いがわからない　など

こんな支援を！ → **いろいろなものを量ったり、持ったりする体験を通して、重さを感覚的に理解できるようにする**

支援の例

30 単位_重さ

「重さ」は「長さ」や「かさ」と異なり、見かけの大きさだけでは軽重を判断できません。そこで、身近なものを実際に持ったり、はかりで量ったりする体験を通して、重さの感覚を身につけていけるようにします。

1 はかりでいろいろな重さを量ってみる

1円玉や砂糖の重さを量ってみる

❶先生は、1円玉を1000枚と1kgの砂糖の袋を用意する。はじめに1円玉の枚数をかえて1g、10g、100gにし、子どもはそれぞれをはかりで量ったり、持ったりして重さを感じとる。

それぞれの重さを感じとる

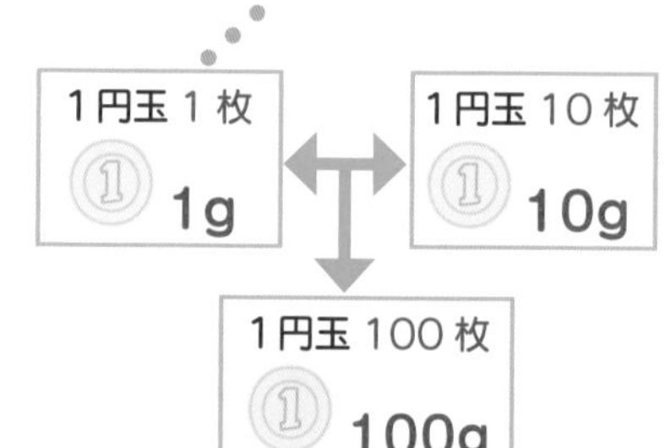

❷次に、1円玉が1000枚だと何gになるか確かめる。

声かけの例

1円玉 1000 枚だと何gになるかな？　量ってみると1円玉 1000 枚で 1000g。持ってみると 1000g はけっこう重いね。砂糖の袋には 1kg と書いてあるけど、こちらも量ってみよう。

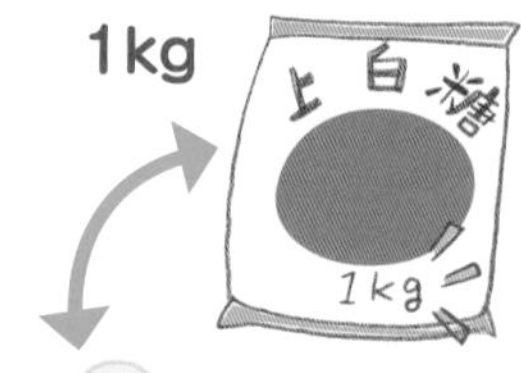

❸1円玉1000枚と砂糖1袋の両方を持って重さを感じとらせながら、**1000 g は1kgと同じ重さ**だということを確認する。

100gぐらいだと思うものを量ってみる

身の回りから100gぐらいだと思うものを見つけて、実際に重さを量ってみる。

どれが一番100gに近かったか確認する

- ・鉛筆けずり 【　　】g
- ・算数の教科書 【　　】g
- ・ふでばこ 【　　】g
- ・上履きの片方 【　　】g

めもりを読むことが苦手な子どもの場合、ここではデジタルのはかりをつかってもよい

2 単位の名前を確認しながら量をイメージする

記号、読み方、子どもが知っているもののイラストが記載された単位カードを見ながら、単位の書き方や読み方、量のイメージを確認する。

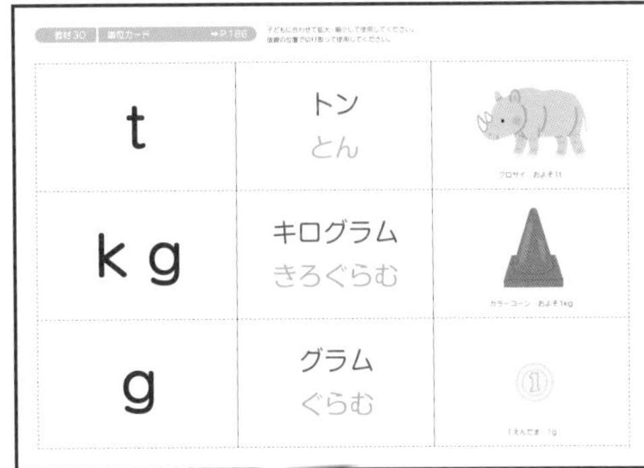

t	トン とん	
kg	キログラム きろぐらむ	
g	グラム ぐらむ	

PDF 教材30_単位カード

3 換算シートで単位の変化を確かめる

今度は量った重さの単位の変化を、換算シートをつかって確認する。

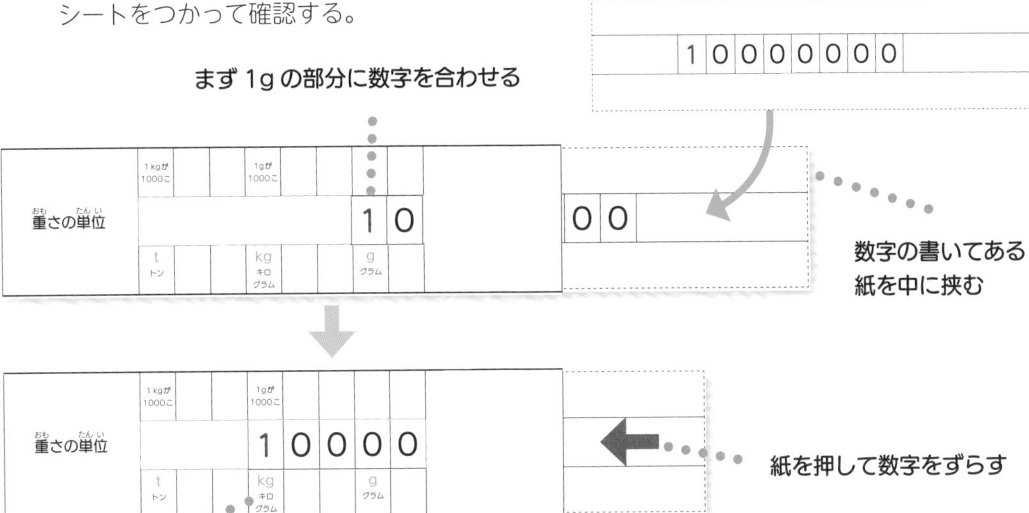

まず1gの部分に数字を合わせる

数字の書いてある紙を中に挟む

紙を押して数字をずらす

1gが1000個で1kgになるということを確かめる

PDF 教材30_単位換算シート

単位カード

子どもに合わせて拡大・縮小して使用してください。
破線の位置で切り取って使用してください。

t	トン とん	クロサイ　およそ1t
kg	キログラム きろぐらむ	カラーコーン　およそ1kg
g	グラム ぐらむ	1えんだま　1g

単位換算シート

子どもに合わせて拡大・縮小して使用してください。
破線の位置で切り取って使用してください。

重さの単位

	1	0	0	0	0	0	0	0	

山折り

重さの単位	1kgが1000こ			1gが1000こ				
	きりぬく							
	t トン			kg キログラム			g グラム	

山折り

のりで貼る

単位が覚えられない（かさ）

たとえば？
- 単位の表す量や大きさがイメージできない
- mL、dL、L の違いがわからない　など

こんな支援を！ → 身近なものを持ったり量ったりしながら、単位が表す量や大きさを感覚的に理解できるようにする

支援の例

31 単位_かさ

単位の表す量や大きさがイメージできないと、ただ1L＝10dLなどと式で表しただけでは、理解が難しくなります。ここでは、牛乳パックなど子どもの身近なものをつかって水の量を量る体験をさせて、単位が表す量や大きさを感覚的に理解できるようにします。

1 いろいろな入れものをつかって「かさ」を量る

牛乳パックをつかって量る

❶1L入りの牛乳パックを用意し、箱の表示を見せて、1Lは1000mLとも表すことを確認する。

➡**1Lは1000mLと同じ**

❷100mL入りの牛乳パックを用意し、箱の表示100mLを見せて、100mLは1dLとも表すことを確認する。

➡**1dLは100mLと同じ**

❸1dL入りの牛乳パックから1Lの牛乳パックへ水を入れていくと、ちょうど10杯でいっぱいになることを実際にやって確認する。

➡**1L＝10dLと同じ**

量った結果から、1dL＝100mLなので、**10dL＝1000mL＝1L**となることを確認する。

バケツにはどれだけの水が入っているか量ってみる

❶水の入ったバケツを用意し、水の量を見たり、バケツを持ったりして重さを感じとる。

❷次に、1Lマスと1dLマスをつかって水の量を量ってみる。バケツの中に入っている水は、1Lマス３つ分と1dLマス３つ分だったので、3L 3dLであることを確認し、目で見た量が、量ったかさの大きさだということを確認する。

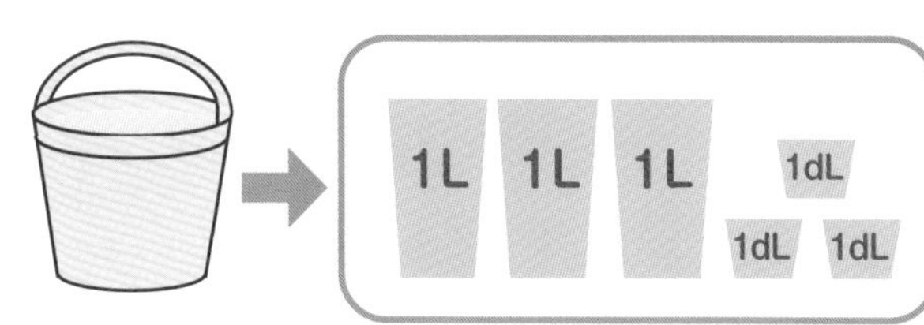

どちらの入れものに多く水が入っているかを量ってみる

入れものの形が違う場合、どうやって比べるかを話し合い、1dLマスをつかって量ってみる。アもイもちょうど7杯分だったので、入れ物の形は違っても、どちらも同じ7dLだったということを確認する。

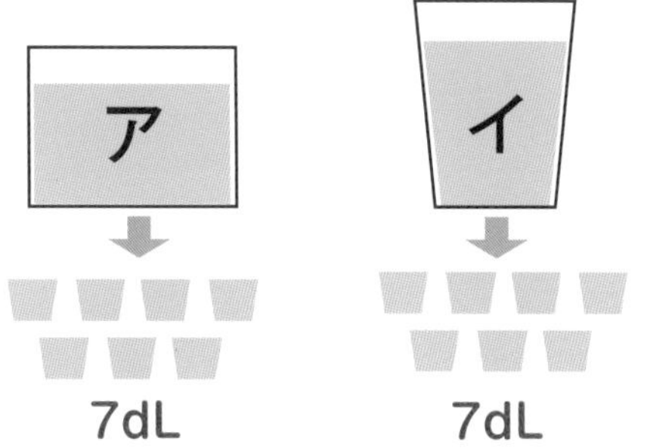

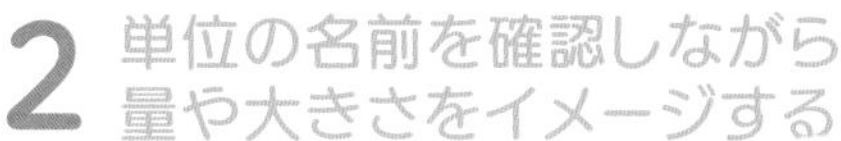

2 単位の名前を確認しながら量や大きさをイメージする

記号、読み方、子どもが知っているもののイラストが記載されたカードを見ながら単位の量り方や読み方、かさの量のイメージを確認する。

L	リットル りっとる	
dL	デシリットル でしりっとる	
mL	ミリリットル みりりっとる	

PDF 教材31_単位カード

3 換算シートで単位の変化を確認する

今度は、量ったかさの単位について、換算シートをつかってどのように変化するのかを確認する。

Point

- 「かさ」は、２倍になったら量も２倍になることと、容器の形が違っても１Lは１Lで量はかわらないことも体験させながら教えます。

単位カード

子どもに合わせて拡大・縮小して使用してください。
破線の位置で切り取って使用してください。

L	リットル りっとる	牛乳 牛乳 ぎゅうにゅうパック　1L
dL	デシリットル でしりっとる	牛乳 ちいさいぎゅうにゅうパック　1dL
mL	ミリリットル みりりっとる	こさじ1ぱい　およそ5mL

単位換算シート

子どもに合わせて拡大・縮小して使用してください。
破線の位置で切り取って使用してください。

かさの単位

1	0	0	0	0	0	0	0

谷折り

かさの単位	1Lが 1000こ			1dLが 10こ	1mLが 100こ			
	きりぬく							
	kL キロ リットル			L リットル	dL デシ リットル		mL ミリ リットル	

山折り

のりで貼る

単位が覚えられない（長さ）

たとえば？
- 定規のめもりが読めない
- 10cm を 10 mと読んでしまう
- 単位が表す大きさの違いがわからない　など

こんな支援を！  ものの長さがだいたいどのくらいかを、いろいろな計測機器で測りながら感覚的に理解できるようにする

支援の例

32 単位_長さ

測る体験をたくさんするなかで、めもりの読み方に慣れると共に、ものの長さ（1mm、1cm、1m、1km）についておよその見当がつけられる、「長さの感覚」を身につけていきます。

1 いろいろなものを測ってみる

定規のしくみを確認する

はじめに定規で１mm、１cmを確認する。めもりを見て、1cmを10等分した1めもりが1mmで、10mmは1cmだということを確認する。同じように、１cmが10集まると10cmになることも確認する。

メジャーをつかって1cmが100集まると100cmになることを確認する

❶定規では短くて測れない長いものを測るときに、メジャーをつかうとよいことを説明しながら、100cmを確認してみる。
- 100cmを測ると、ちょうど100cmのところには、１mと書いてあるので、100cmは１mだということを教える。
- 両手を広げたり、両足を広げたりして、１mの長さがどのくらいなのかを確認させる（１mのものさしで確認してもよい）。

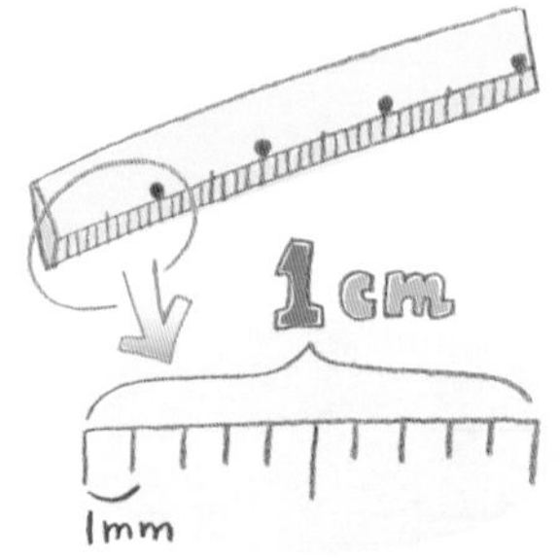

❷１mを探してみる
教室や廊下など、身の回りを見回して、長さが１mくらいだと思うものを見つけだす。

ピッタリ賞！

・入口のドアの幅	94cm
・先生の机の横幅	1m
・床から黒板まで	90cm
・大また１歩	96cm

いくつか見つけたらメジャーをつかって測り、それぞれの過不足を確認して、１mという長さの感覚をつかませる。

測る道具をかえていろいろな長さを測ってみる

- ノートの縦横（定規）、自分の身長（メジャー）、廊下の長さ（巻尺）。
- 先生が言った長さをひもで表してみる（50cm、3m、10mなど）。

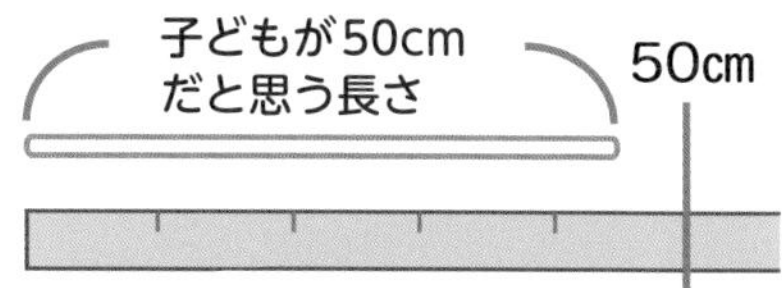

- 子どもがひもで50cm、2m、10mだと思う長さを示し、ものさしやメジャーでこたえ合わせをする。

1mが1000集まると1kmになることを確認する

1000m＝1kmはどのくらいの長さかを話し合う。

- 東京タワーは333mだから、東京タワーを3つつなげた長さ
- 50m走20回分の長さ　など

❶ウォーキングメジャーをつかうと1000mの長さ（道のり）を測ることができる。学校からどこまでが1000m（1km）かを調べてみる。

- 駅までかな？
- 商店街の途中までかな？
- △△公園までかな？

❷学校からの距離が1km前後で、子どもたちがよく知っている場所までの道のりを地図アプリで調べる。その場所までの道のりがどのくらいかを知り、およそ1kmの距離感覚をつかむ。

- 学校から○○駅までが、だいたい1kmだよ
- 学校から、△△の角の信号までが1kmだよ

2 換算シートで単位の変化を確認する

測った長さの単位の変化を、換算シートをつかって確認する。

3 単位の名前を確認しながら長さをイメージする

記号、読み方、子どもが知っているもののイラストが記載された単位カードを見ながら、単位の書き方や読み方、長さのイメージを確認する。

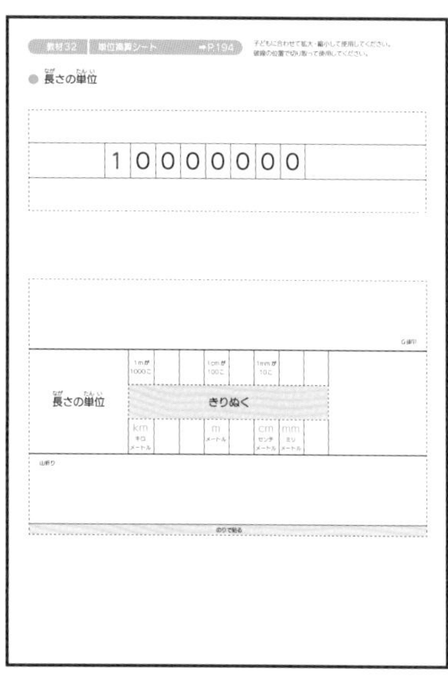

PDF　教材32_単位換算シート

単位カード

子どもに合わせて拡大・縮小して使用してください。
破線の位置で切り取って使用してください。

km	キロメートル きろめーとる	400メートルのトラック2しゅうはん　1km
m	メートル めーとる	おおまたいっぽ　およそ1m
cm	センチメートル せんちめーとる	ひまわりのたね　およそ1cm

単位換算シート

子どもに合わせて拡大・縮小して使用してください。
破線の位置で切り取って使用してください。

長さの単位

	1	0	0	0	0	0	0	0	

山折り

長さの単位	1mが 1000こ			1cmが 100こ		1mmが 10こ			
	きりぬく								
	km キロメートル			m メートル		cm センチメートル	mm ミリメートル		

山折り

のりで貼る

図形の理解が難しい①

たとえば？

- 同じ三角形を2つ合わせて三角形や四角形をつくることがイメージできない
- 四角形を対角線で分解すると２つの三角形になることがイメージできない　など

こんな支援を！  **形遊びを通して、楽しみながら図形を理解させる**

支援の例

33 図形の理解①

図形への苦手意識を克服させるためにも、形遊びを通して楽しく学習を進めていきます。

■形をつくろう

1 図形カードを切り取る

はじめに先生が、青、赤、黄色、緑の三角形１０枚ずつの図形カードを切り取る。

カードを切り取る

PDF 教材33_図形カード

線の入りかたを参考にしながら同じ形をつくる

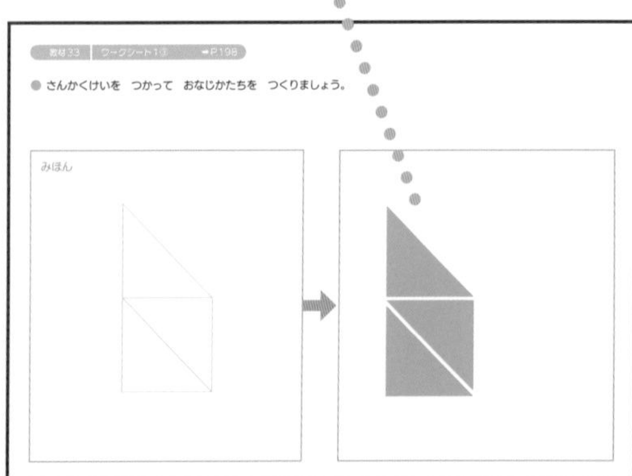
教材33 ワークシート1③ ➡P.198
● さんかくけいを　つかって　おなじかたちを　つくりましょう。
みほん

2 図形を見ながら同じ形を組み立てる

子どもはワークシートに取り組み、見本の図形を確認しながら図形カードで同じ形をつくる。

PDF 教材33_ワークシート１③

3 シルエットだけをヒントに組み立てる

❶慣れてきたら、シルエットのみの図が描かれたワークシートに取り組み、同じ形をつくる。

❷形ができあがったら、今度は見本のシルエットに鉛筆で線を入れ、三角形に分ける。

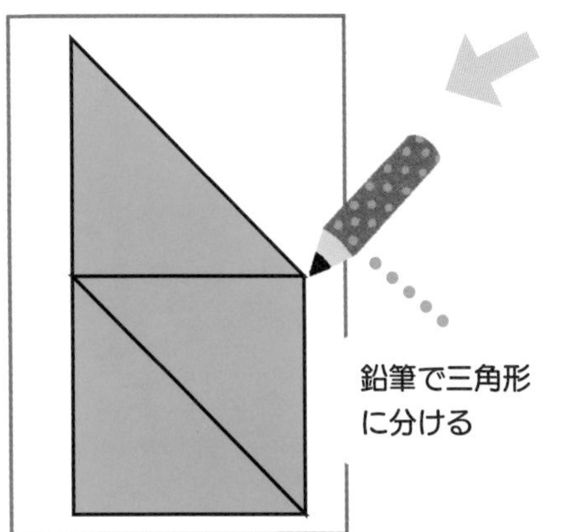
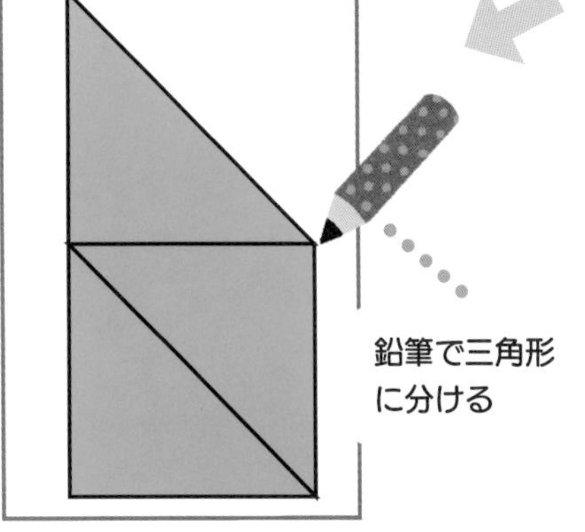

教材33 ワークシート2③ ➡P.198

● さんかくけいを つかって おなじかたちを つくりましょう。

● かたちができたら みほんに せんをひいて さんかくけいに わけましょう。

みほん

シルエットだけをヒントにして同じ形をつくる

PDF 教材33_ワークシート2 ③

❸少しずつ難しい図形で取り組んでいく。

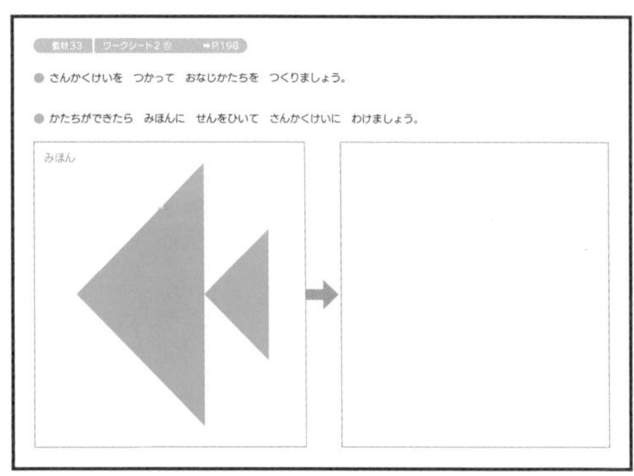
教材33 ワークシート2⑥ ➡P.198

● さんかくけいを つかって おなじかたちを つくりましょう。

● かたちができたら みほんに せんをひいて さんかくけいに わけましょう。

みほん

PDF 教材33_ワークシート2 ⑥

留意点

● 線が入っているワークシートを見ながらでも図形をつくることが難しい場合は、図形カードを見本の図の上に並べることからはじめてもよいでしょう。

ステップアップ

● 自分でイメージがわく子どもの場合は、ワークシートをつかわず自由に組み合わせて好きなものをつくらせてもよいでしょう。できあがったものについて、子どもから説明を聞くなどしながら形遊びに親しませます。

図形カード

破線の位置で切り取って使用してください。

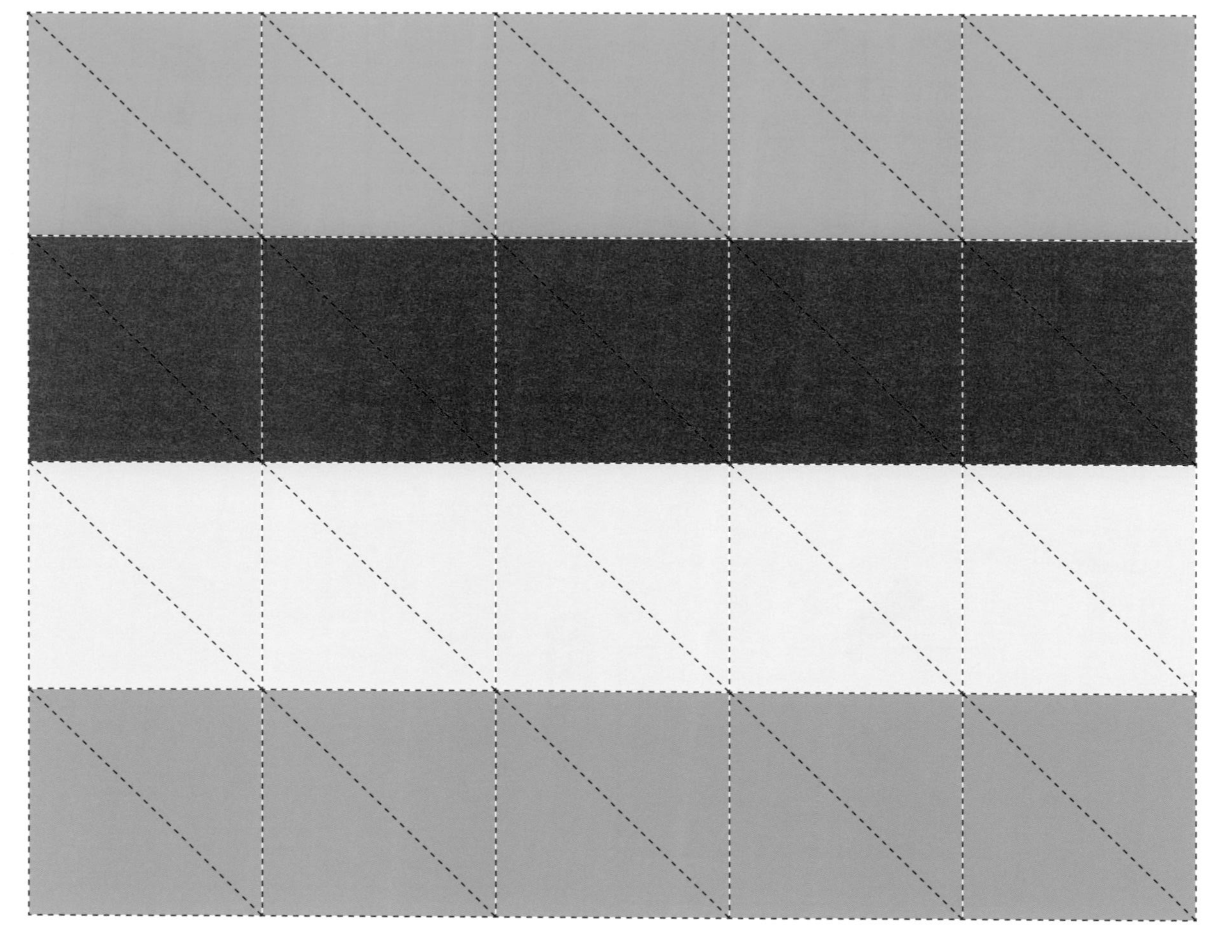

ワークシート

- さんかくけいを　つかって　おなじかたちを　つくりましょう。

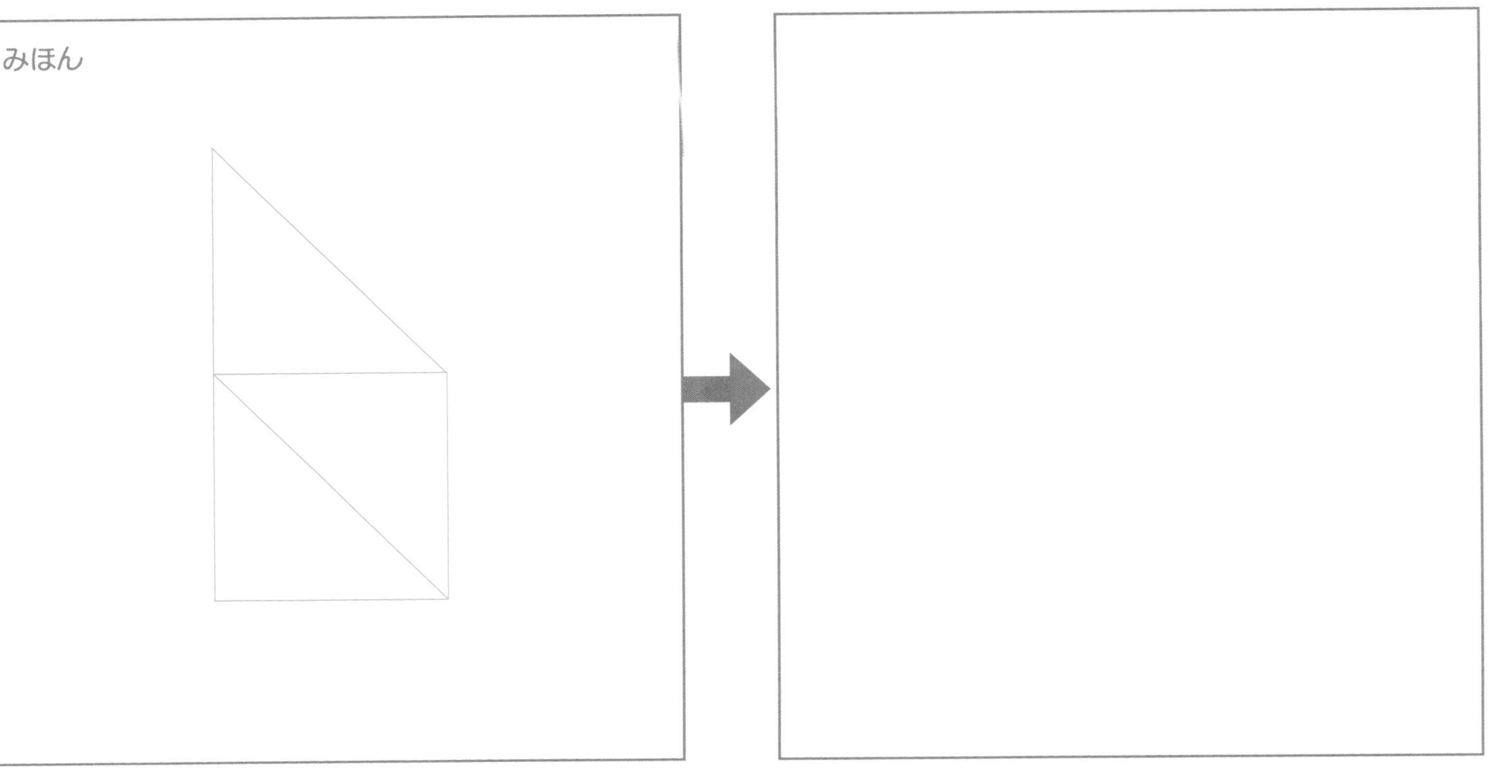

図形の理解が難しい②

たとえば？
- 図形の問題がわからない
- 計算図形への苦手意識がある　など

こんな支援を！  **三角形や四角形の定義を理解させる**

支援の例

34 図形の理解②

1 三角形と四角形の定義を確認する

子どもと一緒にワークシートを見ながら、三角形、四角形の定義を確認する。確認したら、自分でも見本のように点をつなぎ、三角形、四角形を描いてみる。

＜三角形の定義＞

3本の直線に囲まれた図形

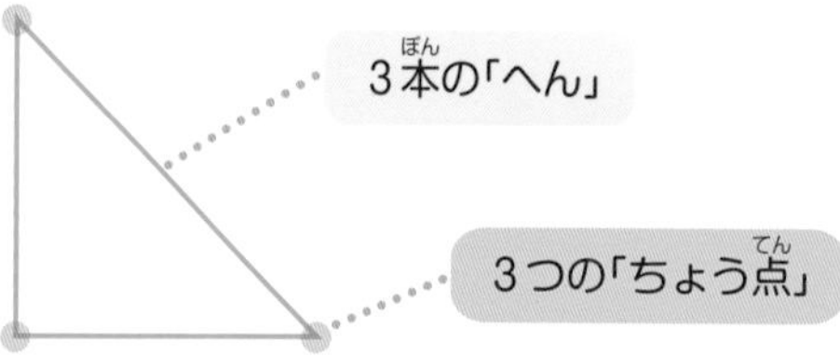

＜四角形の定義＞

4本の直線に囲まれた図形

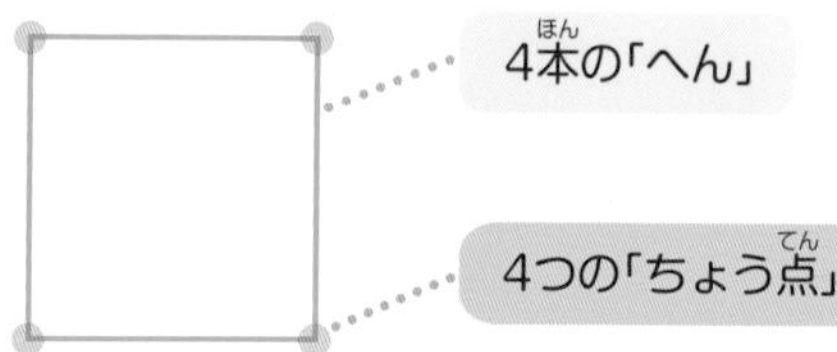

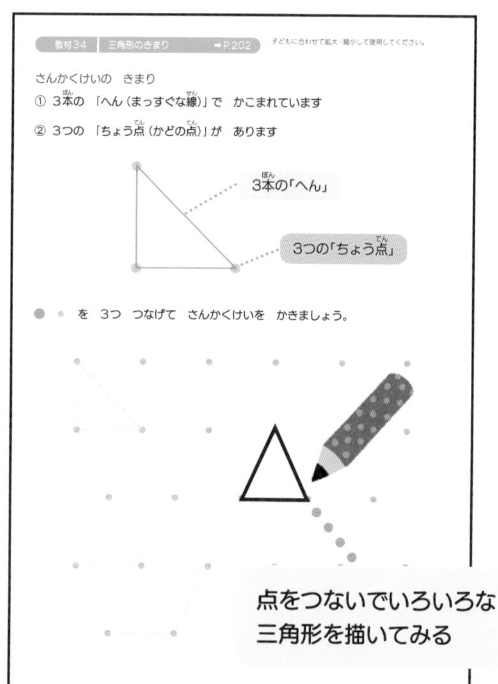

教材34　三角形のきまり　➡P.202　子どもに合わせて拡大・縮小して使用してください。

さんかくけいの　きまり

① 3本の　「へん（まっすぐな線）」で　かこまれています

② 3つの　「ちょう点（かどの点）」が　あります

3本の「へん」

3つの「ちょう点」

● を　3つ　つなげて　さんかくけいを　かきましょう。

PDF　教材34_三角形のきまり

2 ワークシートに取り組む

三角形、四角形の定義をもとに、ワークシートの形をひとつひとつ見ていき、図の中の三角形と四角形に〇をつける。

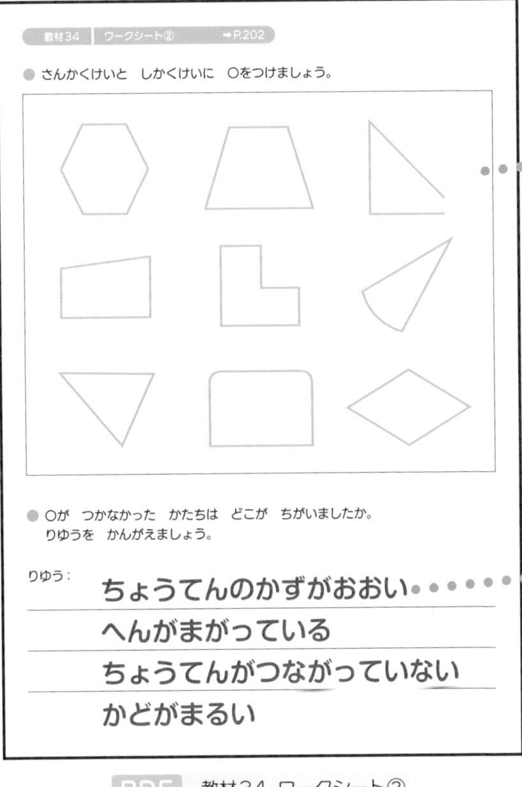

教材34 ワークシート② ➡P.202

● さんかくけいと　しかくけいに　〇をつけましょう。

● 〇が　つかなかった　かたちは　どこが　ちがいましたか。
りゆうを　かんがえましょう。

りゆう：
ちょうてんのかずがおおい
へんがまがっている
ちょうてんがつながっていない
かどがまるい

PDF 教材34_ワークシート②

該当する形を〇で囲む

三角形、四角形ではない理由を書き込む

3 〇がつかない形を確認する

ワークシートのなかで、三角形でも四角形でもなく、〇がつかなかった形について、その理由を書き出す。

どうして〇がつかないと思うのかを子どもと確認する

ステップアップ

● 慣れてきたら、三角形の仲間（正三角形、二等辺三角形、直角三角形）、四角形の仲間（台形、平行四辺形、ひし形、正方形、長方形）について、図を見せながら話をするのもよいでしょう。

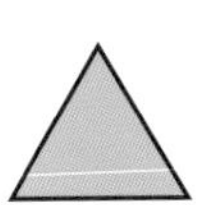
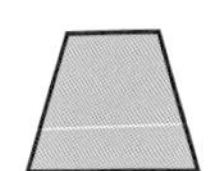
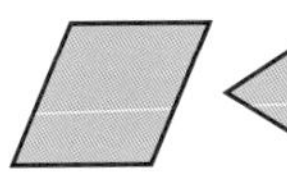
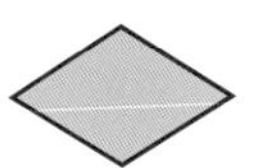
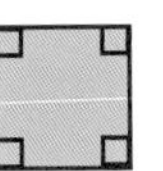
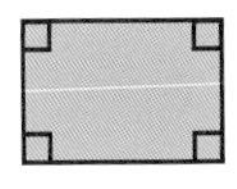

正三角形　二等辺三角形　直角三角形　台形　平行四辺形　ひし形　正方形　長方形

三角形のきまり

子どもに合わせて拡大・縮小して使用してください。

さんかくけいの　きまり

① 3本(ぼん)の　「へん（まっすぐな線(せん)）」で　かこまれています

② 3つの　「ちょう点(てん)（かどの点(てん)）」が　あります

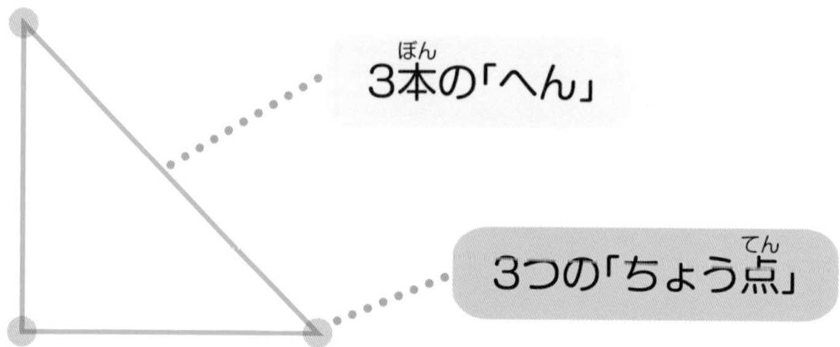

● ● を　3つ　つなげて　さんかくけいを　かきましょう。

四角形のきまり

子どもに合わせて拡大・縮小して使用してください。

しかくけいの　きまり

① 4本の　「へん（まっすぐな線）」で　かこまれています

② 4つの　「ちょう点（かどの点）」が　あります

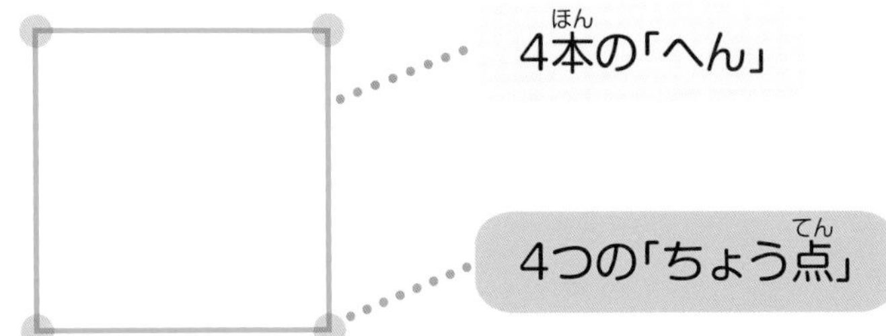

● ● を　4つ　つなげて　しかくけいを　かきましょう。

ワークシート

● さんかくけいと　しかくけいに　○をつけましょう。

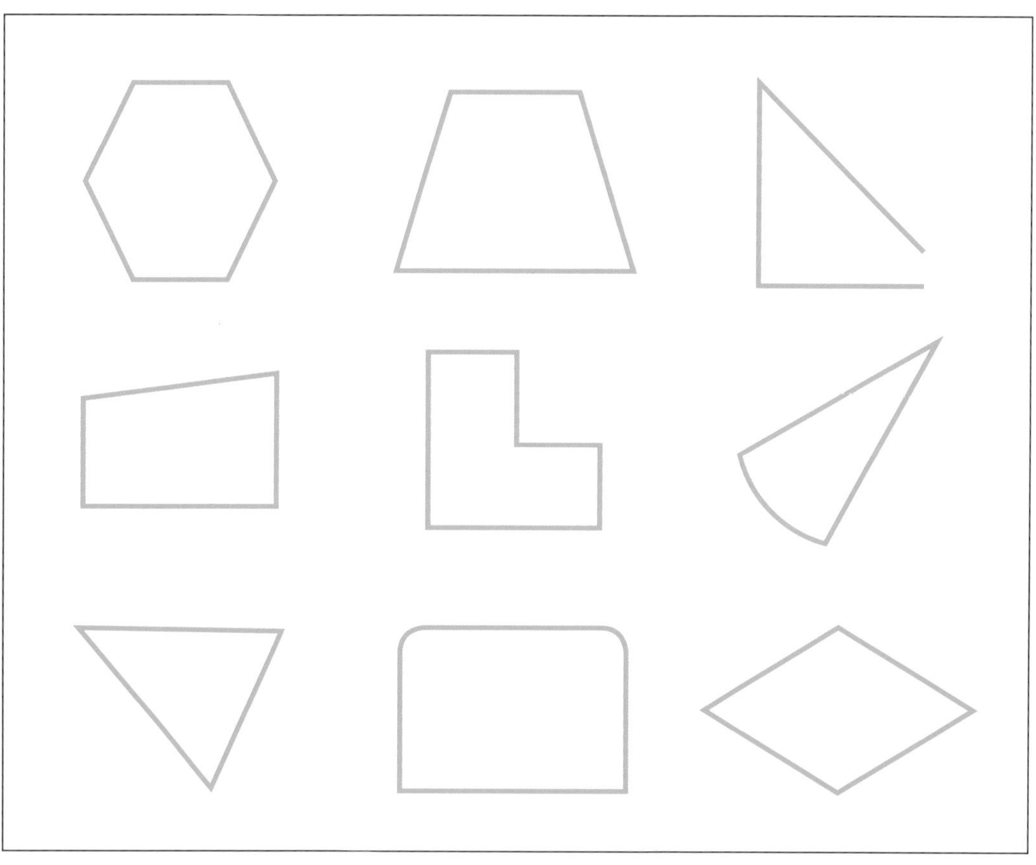

● ○が　つかなかった　かたちは　どこが　ちがいましたか。
りゆうを　かんがえましょう。

りゆう：

ワークシート

● さんかくけいと　しかくけいに　○をつけましょう。

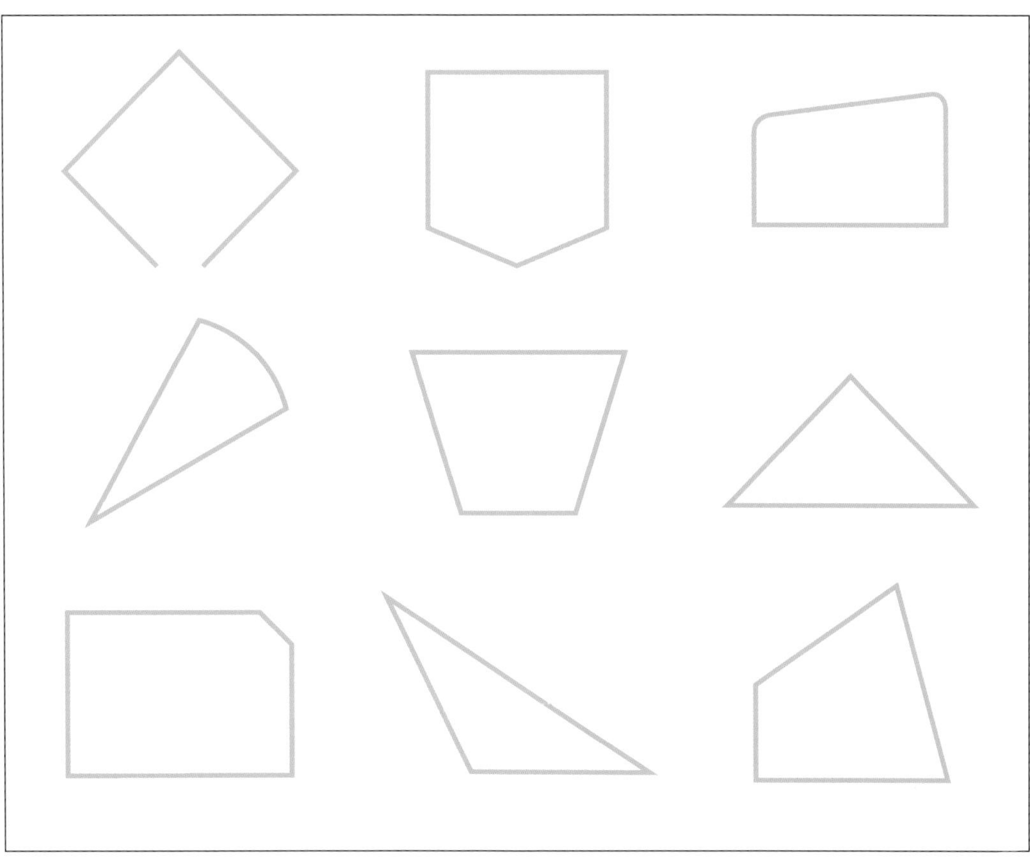

● ○が　つかなかった　かたちは　どこが　ちがいましたか。
りゆうを　かんがえましょう。

りゆう：

●監修者

上野一彦（うえの・かずひこ）

東京大学教育学部卒業。同大学院を修了後、東京大学助手、東京学芸大学教授を経て、現在、東京学芸大学名誉教授。学校法人旭出学園理事長。NHK厚生文化事業団理事、明治安田こころの健康財団理事、日本心理研修センター代表理事。LD教育の必要性を説き、支援教育を実践するとともに啓発活動を行う。1990年に全国LD親の会、1992年に日本LD学会の設立にかかわる。文部科学省「特別支援教育の在り方に関する調査研究」などの協力者会議委員、東京都「心身障害教育改善検討委員会」委員長、日本LD学会理事長等を歴任。特別支援教育士スーパーバイザー。著書に、『LDとADHD』『LDとディスレクシア』『LD教授（パパ）の贈り物ふつうであるよりも個性的に生きたいあなたへ』（以上講談社）、『図解よくわかるLD』『図解よくわかる大人のアスペルガー症候群』『ケース別発達障害のある子へのサポート実例集』（以上ナツメ社）など多数ある。監修者ブログ https://www.u-kaz.com

●著者

上野眞理子（うえの・まりこ）

東京学芸大学教育学部数学科卒業。同大学院を修了後、中学校で数学を教える。世田谷区立経堂小学校教諭、世田谷区立希望丘中学校教諭、目黒区立第十中学校教諭、東京都教育研究所研究生（学校教育相談）、港区立高松中学校主幹教諭、港区立六本木中学校主幹教諭を経て、現在、港区立南山小学校特別支援教室巡回指導教員 主任教諭。日本LD学会会員。特別支援教育士（S.E.N.S）。

本書に関するお問い合わせは、書名・発行日・該当ページを明記の上、下記のいずれかの方法にてお送りください。電話でのお問い合わせはお受けしておりません。

・ナツメ社webサイトの問い合わせフォーム
　https://www.natsume.co.jp/contact
・FAX（03-3291-1305）
・郵送（下記、ナツメ出版企画株式会社宛て）

なお、回答までに日にちをいただく場合があります。正誤のお問い合わせ以外の書籍内容に関する解説・個別の相談は行っておりません。あらかじめご了承ください。

CD-ROM付き 特別支援教育をサポートする
算数につまずく子への支援事例＆教材集

2020年11月5日　初版発行
2023年4月1日　第2刷発行

監修者　上野一彦
著　者　上野眞理子
発行者　田村正隆

Ueno Kazuhiko, 2020
©Ueno Mariko, 2020

発行所　株式会社ナツメ社
東京都千代田区神田神保町1-52ナツメ社ビル1F（〒101-0051）
電話　03（3291）1257（代表）　FAX　03（3291）5761
振替　00130-1-58661

制　作　ナツメ出版企画株式会社
東京都千代田区神田神保町1-52ナツメ社ビル3F（〒101-0051）
電話　03（3295）3921（代表）

印刷所　大日本印刷株式会社

ISBN978-4-8163-6910-0
Printed in Japan

〈価格はカバーに表示してあります〉〈落丁・乱丁本はお取り替えします〉
本書の一部または全部を、著作権法で定められている範囲を超え、
ナツメ出版企画株式会社に無断で複写、
複製、転載、データファイル化することを禁じます。
JASRAC 出 2007646-302